AF277210

EL IDIOTA GASTRO-NÓMICO

IÑAKI MARTÍNEZ DE ALBENIZ

EL IDIOTA GASTRO-NÓMICO

Y el arte de comersar

Colección Hojas de col

IÑAKI MARTÍNEZ DE ALBENIZ

El idiota gastronómico
de Iñaki Martínez de Albeniz

Primera edición: abril de 2024
Colección: Hojas de col, 4

© 2024, de los textos, Iñaki Martínez de Albeniz
© 2024, Col&Col Ediciones
Corrección ortotipográfica: Mercedes Tabuyo
Dirección editorial: Lakshmi Aguirre
Diseño de la colección: Karakter Studio

ISBN: 978-84-19483-38-6
Depósito legal: MA 1770-2024
THEMA: W WB
Impreso en España
www.colandcol.com

Sobre el autor

Licenciado en Sociología y Ciencias de la Información. Se doctoró en Sociología en 2003 con una tesis titulada *La poética de la política*. Actualmente es profesor pleno en el Departamento de Sociología y Trabajo Social de la Universidad del País Vasco-Euskal Herriko Unibertsitatea, del que ha sido director entre 2019 y 2023. Ha dirigido el máster oficial Modelos y Áreas de Investigación en Ciencias Sociales y el máster en Gestión de la Innovación y el Conocimiento. En la actualidad es docente en el máster de Ciencias Gastronómicas del Basque Culinary Center y en Masterñam, máster en Innovación y Cultura Gastronómica de la Universidad de Cádiz. Es investigador principal de INNOkLab, Laboratorio de Innovación Cultural, grupo de investigación reconocido por la Universidad del País Vasco. Sus principales líneas de trabajo e interés se centran en los estudios de ciencia, tecnología y sociedad; sociología de la identidad; industrias creativas, con especial atención a la gastronomía, ámbito en el que ha colaborado con numerosos restaurantes de prestigio internacional, como Mugaritz, en el que ha desarrollado diversos proyectos, entre los que destaca *The Candy Project: Candy, Social Change and Maps of Taste Around the World*. Colabora asiduamente con el Basque Culinary Center, donde desarrolló, conjuntamente con la periodista gastronómica Sasha Correa, el proyecto editorial y expositivo *50 miradas. Un recorrido por el movimiento de la gastronomía contemporánea*. Ha sido director de contenidos del congreso internacional Diálogos de Cocina y miembro del comité técnico del Basque Culinary World Prize. Es miembro del consejo editorial de la revista *International Journal of Gastronomy and Food Science*. Ha publicado más de cincuenta referencias entre libros, capítulos de libros y artículos en revistas científicas.

ÍNDICE

GASTROPOLÍTICAS

Para poder ver cosas nuevas, no hay como que le escondan a uno lo que veía hasta entonces. ¿Qué queda de un bodegón si hacemos desaparecer las viandas? Muchos dirán que nada. Aquí defenderemos que lo que queda es lo más importante, el contexto. Advierto en un primer momento que la disciplina desde la que hablo es la sociología, que, para quien no esté familiarizado con ella, se podría definir de manera asequible como la ciencia del contexto. Un bodegón es una representación pictórica de comida. Obvio. Pero es también un claro indicio de la manera en que una sociedad (re)presenta los alimentos. Con esto me refiero al contexto.

---

[1] Amo / nuestros rincones / cuando la niebla / me los esconde; / cuando no me deja ver / qué es lo que oculta. Pues entonces comienzo a desvelar / lo guardado… / Aquellos rincones / que comienzan a surgir dentro de mí.

Es preciso aclarar, no obstante, que la sociología no es una ciencia *de* sentido común, al alcance de cualquiera. Es la ciencia *del* sentido común. La ciencia que tiene por objeto analizar cómo el sentido que otorgamos a lo que hacemos en sociedad se vuelve compartido y por tanto incuestionable… hasta nuevo aviso. Decimos lo de nuevo aviso porque recientemente, con la pandemia, hemos experimentado en carne propia qué ocurre cuando esa normalidad queda en suspenso y hay que construir una «nueva normalidad».

Este libro pretende, pues, interpelar a la definición de sentido común (el más común de los sentidos) de la gastronomía. A su definición culturalmente hegemónica, al marco cognitivo con el que opera esta y a los relatos que se tejen en nuestra sociedad en torno a «las cosas de(l) comer». Pero lo quiere hacer eludiendo aquello que relacionamos de primera mano con la gastronomía, porque solo así podremos observar los pilares sobre los que se asienta su edificio.

Hay un efecto de la visión, llamado paralaje, que se refiere al cambio que sufre un objeto como consecuencia del desplazamiento de la posición del observador. Si modificamos nuestro punto de vista, dejamos de ver lo que estaba en primer plano y pasamos a ver lo que se situaba al fondo. Aquí proponemos invisibilizar deliberadamente la parte más descollante, esos elementos que determinan lo que para el sentido común define la gastronomía, y así poder desvelar lo que hasta entonces no se observaba o no recibía atención: la mentalidad de la sociedad que ha fabricado esa definición.

Porque, como dice la estrofa de Mikel Laboa que encabeza este capítulo, que se nos oculten «esos rincones» que teníamos al alcance de nuestra visión evidencia lo que está oculto en nosotros, el sesgo que opera en nuestra mirada. Una vez asumido esto, toca aplicarnos el cuento y reconocer sin ambages, desde el principio, el sesgo del que partiremos:

cuando dejamos de ver egos en primer plano, comenzamos a advertir otros ecos en la gastronomía. Precisamente, la gastronomía como ecosistema.

Son estas nuevas capas que se abren a la observación las que completan lo que llamaremos una concepción «expandida» de gastronomía. Expandida porque cuando, tras acceder a las capas ocultas, regresemos a los elementos que habíamos borrado del bodegón, estos aparecerán bajo una nueva luz. De esta manera, la gastronomía deja de ser únicamente un sector económico, un hobby, una profesión, un tema de conversación o la sección de un periódico, esa retahíla de «cosas de sentido común», para convertirse en muchas otras realidades, algunas de ellas insospechadas.

Esta idea de lo expandido bebe, en nuestro caso, de la influencia de la crítica de arte Rosalind Krauss,[2] quien acuñó la noción de «escultura en el campo expandido». Según esta noción, más allá del *previsible* objeto escultórico convencional —el correlato del plato en gastronomía—, que se exhibe en un museo, sobre un pedestal, otras formas (pasillos llenos de monitores, rayas gigantescas trazadas sobre la arena del desierto, montones de carbón en almacenes abandonados, etc.) han adquirido, gracias a corrientes estéticas vanguardistas como el *pop art*, el *body art* o el *land art*, la condición de esculturas, haciendo de este término algo «infinitamente maleable». La gastronomía expandida entenderá como gastronómicas realidades que, desde la visión restrictiva del plato, no lo serían.

Expandir el campo de la gastronomía implica, pues, romper la cadena de automatismos que hace de esta una realidad de sentido común. Prueben con cualquiera:

---

[2] Krauss, R. (1979). *La escultura en el campo expandido*. Editorial Paidós: Barcelona.

pregúntenle si tiene nevera y de qué color es. Si dice que la tiene y que es blanca, pregúntenle a continuación qué beben las vacas. La mayor parte de las veces recibirán leche por respuesta (quizás el lector también lo haya pensado). Huelga decir que las vacas no beben leche. Lo que ocurre es que en la secuencia nevera-blanco-vaca-leche está operando un automatismo preconsciente. Pues bien, los significantes a los que la gastronomía se asocia de manera prerreflexiva, y que conforman el registro en el que opera el sentido común, estarán ausentes en nuestro camino. O, mejor dicho, se harán presentes en su ausencia.

Esta cuestión no sería relevante si no fuera por el hecho de que los que elegimos como elementos esenciales de la gastronomía condicionan su relato y articulan una hegemonía cultural. Pasa a menudo. Por poner un ejemplo, en ciertos programas de televisión, centrados, por decirlo eufemísticamente, en cuestiones de estilo de vida, cuando una periodista (siempre es ella), con actitud risueña y tono entusiasta, interroga al cocinero de turno (siempre es él) sobre el plato que está cocinando. Tras meterse a la boca lo que el chef ha cocinado, y antes, incluso, de tener tiempo de saborearlo, ya se está dibujando en su rostro una mueca de aprobación, un «mmmmm» que expresa el disfrute que está experimentando. Este gesto sobreactuado de aprobación transmite la idea culturalmente hegemónica de que la gastronomía es una actividad placentera, divertida y conciliadora. Nos encontramos ante una determinada relación entre sabor y saber; un saborear tan condicionado por la aquiescencia en torno a las bondades de la gastronomía que neutraliza todo saber, reflexión, juicio o crítica; una manera acrítica, servil incluso, de acercarse al fenómeno que nos habla, en fin, de la gastronomía como un consenso social irrebatible: lo que probamos tiene que estar bueno para que el circo de la «gastronommmmmía» siga rulando. Como decía Michel Foucault, el saber es inescindible de las estructuras de poder. [3]

Esta gastronomía de sentido común constituye, a menudo, un refugio seguro ante las inclemencias que padecemos. No hablamos de inclemencias en sentido metafórico, sino literal. En los tiempos que corren, tanto la alimentación como el clima, dos de las zonas críticas en las que se debate nuestro futuro, tienen un tratamiento, tanto social como mediático, que huye como de la peste de la complejidad que les es inherente. La información climatológica se asemeja a un muestrario de calamidades, mientras que la información gastronómica trata de compensar este crudo panorama propiciando un abrigo confortable y soleado. Con mucha frecuencia, estos dos temas, junto con un acercamiento amable y telegénico a la flora, la fauna y a la naturaleza en general, encuentran acomodo en los mismos programas de entretenimiento. Sin ir más lejos, si acudimos a la programación de La 1 de TVE encontraremos dos programas que se emiten inmediatamente antes de los dos telediarios: *Ahora o nunca*, antes del Telediario del mediodía y *Aquí la Tierra*, antes del informativo vespertino, el de mayor audiencia. El primero, titulado *Ahora o nunca*, se define como un «espacio diario que muestra la riqueza de España y anima al espectador a disfrutarla y a conservarla para su posteridad». Por riqueza se entiende, entre otras cosas, el patrimonio gastronómico. El tono de este programa, que presenta una antigua responsable de la información meteorológica, es, contraviniendo su alarmante nombre, entrañablemente acogedor y simpático, hasta el punto de que adopta un punto pelín empalagoso a veces. El segundo programa, con el ambicioso título *Aquí*

---

[3] Foucault, M. (1970). *La arqueología del saber*. Siglo XXI: Madrid.

la Tierra,[4] que se emite antes del informativo de la noche, el de mayor audiencia, es un producto televisivo que por «Tierra» entiende una sucesión de imágenes de catástrofes climáticas pespunteadas por pequeños *chill-reportajes* que dan cuenta de productos de mesa y preparaciones culinarias al alcance de todos. Y eso solo en la pública, que, como es sabido, es más dada a la contención.

No hay que descartar que, a través del visionado de estos programas, estemos tratando de conjurar la ecoansiedad que padecemos desde la traumática experiencia de la pandemia, practicando una suerte de *mindfulness* que nos induce a ver «la naturaleza» en la brizna de hierba que asoma a duras penas entre las grietas del asfalto y que antes del shock habríamos pisado sin más contemplaciones. En cualquier caso, dice mucho de una sociedad que la información sobre el clima y la alimentación esté en manos de enfoques sensacionalistas y disolventes de toda crítica social, como las noticias de sucesos climatológicos, que dan cuenta de lo ocurrido, al tiempo que omiten sus causas profundas, y las cuitas del *life style*.

La gastronomía, pues, en tanto que actividad incruenta, rehúye la controversia. O, si no la rehúye, la dirige hacia asuntos de trascendencia menor; polémicas sobreactuadas que ni siquiera son capaces de tirar de la coartada del humor o la

---

[4] Hace ya un tiempo, la productora de *Aquí la Tierra* (Catorce Comunicación) se puso en contacto conmigo para invitarme a colaborar en un programa «innovador» sobre gastronomía que estaba pergeñando, y que pretendía ir más allá de los estándares habituales, introduciendo, decían ante mi incredulidad, una «mirada sociológica». El programa, titulado *Como Sapiens,* terminó siendo el habitual desfile de *celebrities* haciendo las veces de reporteros gastronómicos. Siempre sospeché que fue el hallazgo del simpático nombre lo que sirvió precipitadamente de impulso para la producción de un programa que poco tiempo después pasó a engrosar el censo de fracasos televisivos.

ironía. «¿La tortilla con o sin cebolla?», preguntaba en una encuesta el CIS (Centro de Investigaciones Sociológicas) en septiembre de 2023. El resultado de esa pregunta pasó a engrosar los titulares sobre una encuesta que, a buen seguro, incluía cuestiones de más calado que, o bien no interesaban tanto, o bien precisaban de un análisis más sosegado.

Todo lo dicho hasta aquí contribuye a despolitizar la gastronomía. La gastronomía es, por definición, una actividad apolítica. O, en algunos casos, cuando se la relaciona con la política, tiene un papel secundario, de mero *atrezzo*. Me gustaría ilustrarlo con una anécdota que, por irrelevante que parezca, no deja de ser significativa. Recientemente, me invitaron a participar en un reportaje radiofónico sobre «política con metáforas gastronómicas». Decliné amablemente la oferta cuando, a propósito de la dichosa tortilla de patata, se me puso como ejemplo a seguir el análisis de un insigne politólogo que sostenía lo siguiente: «Un conservador diría que la tortilla de patata hay que conservarla. Un liberal diría que la tortilla de patata hay que venderla bien para que la gente la consuma. Un socialista diría que la tortilla de patata tiene que ser con cebolla o sin cebolla, en función de la producción de cebollas que hayamos tenido ese año». Pese al loable intento de, en palabras del periodista que contactó conmigo, «hablar de política evitando partidos y candidatos», las ideologías políticas seguían siendo las vedetes de la función, y la tortilla de patatas, por más que se le otorgara el papel de metáfora o, quién sabe, precisamente por ello, hacía las veces del ujier que sirve el agua a sus señorías en la tribuna de oradores del Parlamento. Un mero avituallamiento para atletas de la política.

La única manera de que la gastronomía sea política es resignificando ambos términos: gastronomía y política. Por ejemplo, acudiendo a una genealogía alternativa. En el caso de la política, saltarnos la raíz *polis*, que ha dado lugar a lo que hoy entendemos por política institucional, para entendernos, la de sentido común, la que sale en la sección de política de periódicos y telediarios, para apostar por otra raíz que estaba agazapada tras el sentido más común. Esta otra raíz es *polemos*. Y de ella se sigue que la política es un término eminentemente polémico. ¿Qué queremos decir cuando decimos política? La propia noción de política que manejamos, el sentido que le otorgamos, debería, pues, constituir la zona cero de toda controversia política.

Lo mismo con la gastronomía. La gastronomía es política no porque sea un mero avituallamiento. Tampoco porque sea el telón de fondo de otra cosa de mayor enjundia, como alguna vez se ha considerado desde la historiografía cuando se ha indagado sobre cuáles eran los platos más apreciados en un determinado régimen político, como si existiera una relación de causa y efecto entre, pongamos, el consumo de *veggie burgers* y el ascenso al poder de Pedro Sánchez. Este tipo de consideraciones son siempre a-nec-dó-ti-cas.

Si atendemos a la raíz *polemos*, la gastronomía es política por dos razones. Primero porque su eficacia deriva precisamente del hecho de que creamos que no lo es y, en segundo lugar, porque, a poco que observemos el contexto en el que opera la gastronomía (y no solo el contenido de un plato o el prestigio del chef que lo ha cocinado), comprobaremos que siempre está atravesada por múltiples controversias.

Desde dónde hablo

Como buen sociólogo vasco, había una altísima probabilidad, como así sucedió, de que me dedicase al estudio de la política. También en la sociología vasca las vacas beben leche. Para huir de la política, empachado como estaba de ella, me dirigí a lo que entonces entendí era una de sus posibles antípodas: la gastronomía. Por aquel entonces, hablo de mediados del 2004, se celebraba en las antípodas —esta vez geográficas— del País Vasco, en Murcia, un congreso titulado «¿Qué tiene que enseñar la ciencia a la cocina?». Hablo de una época en la que algunos cocineros *punkies* comenzaban a obrar pequeños prodigios que convertían la gastronomía en un territorio sumamente interesante y gozoso, lo contrario del mundo infartado del que trataba de huir. Ni se me pasaba por la cabeza, entonces, que la gastronomía fuera a enredarse con la política. No obstante, con el tiempo, he caído en la cuenta de que, tratando de huir de la política, fui a parar a un lugar que era aún más político, o era más político que aquello que el sentido común entiende por política.

El corolario de todo este trayecto es que, si queremos hablar de gastropolítica(s), debemos asumir que, como dejó bien claro el 15M, lo que nos representa políticamente depende, antes de nada, de qué entendamos por política. Que la *representación política* depende de la representación de *lo político*. Por ello, la política institucional (esos partidos y candidatos de los que, valiéndose de la metáfora de la gastronomía, quería huir mi amigo el periodista) termina imponiéndose como visión hegemónica de una realidad que podría suscitar otras maneras de vivir la política. Politizar la gastronomía es, por tanto, partir de la asunción de que la política y la gastronomía comparten un mismo principio: lo que nos representa gastronómicamente dependerá de cómo representemos o entendamos *lo gastronómico*.

De esta certeza se sigue que la gastronomía se puede contar de otro modo y que para ello es imperativo *descontar* algunas realidades que tienen una relación «natural», de sentido común, con la gastronomía, lo cual me lleva a advertir al lector de que nuestro envite no va dirigido a cocineros de platos, sino a cocineros de mundos. No a cocineros para quienes el plato es su mundo, sino a aquellos para quienes el mundo es un plato que cocinamos todos los días. Este libro quiere ser un pequeño testimonio de este desplazamiento del plato al mundo. Por eso no contiene recetas (o contiene otras recetas), ni hace panegíricos de grandes chefs. Para muchos, pues, esto no será un libro de gastronomía. Para quien esto escribe, en cambio, este es un libro de gastronomía precisamente porque no lo parece.

En el camino transitado estos últimos años en el mundo de la gastronomía, asumiendo siempre, con espíritu deportivo, mi calidad de *outsider*, he sentido que me encontraba con gente que, como yo, venía huyendo de otros lugares. Si mi huida era de la política, aquellos con los que me encontraba huían de otros mundos: la tecnología de los alimentos, la nutrición, la biología, el derecho, la ingeniería, el *food-design*; en fin, de otras disciplinas que también los acogotaban. La gastronomía parecía un territorio más adecuado para desplegar nuestro entusiasmo. Y, de paso, ser indisciplinados. Muchos coincidían en su genuina afición a cocinar. Querían volver a aquellas cocinas en las que de niños habían sido felices. No era mi caso. Un buen día, se me ocurrió que *foodgitivos* (*foodgitives* en inglés) es un término que podría servir para designar al conjunto de estas errancias.

La notoriedad que por aquel entonces estaba adquiriendo la gastronomía era, por otra parte, un reclamo poderoso. La gastronomía se había mantenido oculta largo tiempo. Era una caja negra, un lugar en el que sabíamos qué entraba (los alimentos) y qué salía (el plato elaborado), pero de cuyos procesos de transformación lo ignorábamos todo. Comer era lo más perentorio, ergo lo menos digno de ser mostrado.

Lo fascinante fue vivir una coyuntura en la que, en muy poco tiempo, lo que antes se ocultaba pasaba, sin solución de continuidad, a ser mostrado sin pudor y con todo lujo de detalles, hasta el punto de resultar, a veces, estomagante.

Una cuestión que activa la sospecha es averiguar a qué sustituye esta omnipresencia de la gastronomía. Qué deja en penumbra cuando los focos la iluminan. Si es acaso la sublimación de otra cosa, es decir, si, como ocurre en las sociedades del espectáculo con otras formas de entretenimiento —desde el deporte al cotilleo, pasando, lamentablemente, por la política—, a través de la omnipresencia de la gastronomía se está tratando de escamotear una realidad más cruda. O puede que la emergencia de la gastronomía como nueva fe derive de la ecoansiedad, de esa necesidad imperiosa de volver a tener contacto con la materialidad tras años de sometimiento a la dictadura de la digitalización. La respuesta social a todo este cúmulo de incertidumbres no ha sido otra que una vuelta generalizada, no tanto a cocinar, cosa que, según todos los indicios, no ha sucedido, sino a interesarse por la cocina como tema de conversación. ¿Es hablar de gastronomía una forma de politizarla o la manera de desactivarla definitivamente? Ello dependerá de en qué términos hablemos de gastronomía, si nos referimos a ella como una actividad dirigida a cocinar platos a secas o a cocinar platos que también cocinan mundos.

HISTORIA DE LA BOCA. OTRA HISTORIA DE LA GASTRONOMÍA ES POSIBLE

¿Cómo sería una historia protagonizada por la boca? No una historia de efemérides y grandes n/hombres, sino una historia literalmente «orgánica», la de un órgano, como la boca, que, aparte de hablar del mundo, se lo come. Ay, si la boca pudiera contar, aparte de lo que ha dicho (y callado), lo que ha comido (o dejado de comer).

Hay una historia que se habla (historia contada) y otra que se come (historia vivida). El tiempo acelerado de la modernidad ha estado más atento al discurso que a lo que se come, como muestra ese monumento a los orígenes del pensamiento occidental que es *El banquete* de Platón. El tiempo geológico del Antropoceno, en cambio, concede más peso a lo que se come que a lo que se habla, porque es comiéndolo como realmente metabolizamos el mundo.

Lo cierto es que la boca es el lugar en que se encuentran, en la encrucijada del tiempo, estos dos vectores, el hablar y el comer. Hacer de la boca la protagonista de la historia es una manera de repolitizar la gastronomía. Ahora bien, esta es una historia que está más cerca de la cotidianidad que del gran acontecimiento. Una historia que actúa a nivel micropolítico: tu boca tiene poder, pero no solo por lo que dice, sino también por lo que come, porque también hacemos historia cuando comemos.

Entremos en esa arena política que es la boca. La boca no es un lugar cualquiera. Palabra y comida, de ordinario bien avenidas, porque actúan siempre por separado, no encuentran fácil acomodo cuando concurren juntas en la boca, tropezándose la una con la otra. Para cerrar el círculo, discurrir y comer coinciden también en la lengua, es decir, en su raíz etimológica: *saboer*.

[Ruego no se pronuncie este término como lo haría Samantha Vallejo-Nágera en *MasterChef*].

La separación entre comer y hablar es una condición indispensable de cara a ingresar en el orden civilizatorio, toda vez que hace posible el paso de lo gutural, del sonido inarticulado (*phone*), a lo cultural, a la comunicación simbólica (*logos*), al lenguaje. No solo la civilización, también el proceso de socialización, por el cual el ser humano deviene social, estriba en buena parte en separar estas dos funciones orales, la de tragar/comer, por un lado, y la de respirar/hablar por otro.

Hay en la boca una regulación de orden fisiológico. La regulación del tráfico generado en la boca corre de cuenta de la epiglotis. Como es sabido, cuando tragamos, la epiglotis se dobla hacia atrás para cubrir la entrada de la laringe, de manera que los alimentos sólidos y líquidos no ingresen a la tráquea y a los pulmones. Ocasionalmente, cuando se come muy rápido, los alimentos pueden entrar en la laringe antes del cierre de la epiglotis, impidiendo una respiración adecuada. El peligro aumenta exponencialmente cuando se come mientras se habla (o se habla mientras se come; seamos, de momento, simétricos), pues para hablar necesitamos tener abierto el flujo de aire. Que hablar y comer no se confundan es, pues, una cuestión de vida o muerte.

Hay otra regulación de la boca, pero esta vez de orden sociocultural. De eso se ocupa ese ADN de la memoria y la praxis colectivas que damos en llamar refranero, de evitar que palabras y alimentos coincidan en la boca: «el que come y canta un sentido le falta», «cuando como, no conozco;

cuando acabo de comer, empiezo a conocer», «boca sucia no habla limpio», «oveja que bala, bocado que pierde», etc. El refranero y la epiglotis, órdenes cultural y fisiológico, respectivamente, colaboran, pues, en la gobernanza de la boca.

Cuatro banquetes y un deseo

Han sido varias las formas en que históricamente se han relacionado el hablar y el comer. Nuestra historia de la boca mostrará que, con el paso del tiempo, estas dos actividades se van distanciando progresivamente. En este sentido, la historia ha funcionado como la epiglotis, confirmándose en el orden cultural lo que ya decretaba, a su manera, la fisiología. Esta evolución se puede sintetizar en cuatro regímenes que se han ido sucediendo en el plano cronológico. Si vamos de menor a mayor distancia entre hablar y comer:

- El ágape cristiano en tanto que comer como hablar
- El carnaval medieval en tanto que comer y hablar a la vez
- El banquete ilustrado en tanto que comer para hablar (comer como telón de fondo del hablar)
- Y, por último, el banquete científico en tanto que hablar del comer

Es preciso aclarar que el hecho de que partamos de una secuencia cronológica, eso que los historiadores llaman diacronía, no quita que las distintas modalidades en que se relacionan hablar y comer puedan coincidir en el eje sincrónico, es decir, que puedan actuar simultáneamente en un momento histórico dado, por ejemplo, en el presente.

El ágape cristiano

La primera postal representa los primeros rituales cristianos durante el Imperio romano. En el ágape cristiano comer es, sobre todo, un acto de comunicación. Comer es *ya* hablar. El ágape designa a un tiempo el acto de reunirse para comer y un estado de alegría permanente y amor desinteresado. Es un ritual de intercambio de comida que deviene un acto de comunión. Quienes comen del mismo pan forman el mismo cuerpo. Son *cum-panis*, compañeros. De ahí que comulgar signifique por igual compartir el pan y las ideas sobre el mundo, la *cosmovisión*. El ágape no (re)conoce las ideas puras, un saber separado del sabor. Comulgar tampoco es producir nuevas ideas, sino compartir, en forma ritual, un saber ya interiorizado como sabor.

En el ágape se come (de) todo, hasta el punto de que se da una total indistinción entre el que come y lo que es comido. El pan se hace cuerpo, y el cuerpo, pan. En estos rituales, la comida no se valora por su calidad ni porque su presencia se deba al esfuerzo o al trabajo humanos. La comida no tiene precio. El ágape ignora el cálculo, el interés o la usura, y promueve el despojamiento. Comer no puede entenderse en ningún caso como un acto mercantil o de consumo.

El arquetipo correspondiente a esta modalidad de hablar/comer es el *fraticelli mendicanti*, alto representante de la baja espiritualidad y la economía moral franciscana, que vive en comunión, sin jerarquías, con todo lo existente: hermano cerdo, hermana muerte, hermano lobo, hermana cuchara, hermano sol, hermana col…

El atracón medieval

El carnaval decreta un tiempo en el que se come y habla a la vez. Se habla con la boca llena o se come mientras se habla, tanto da. El banquete carnavalesco es la celebración de la conquista del mundo mediante el trabajo. Se toma posesión del mundo comiéndolo y hablando de él. El cuerpo carnavalesco resulta grotesco porque a través de sus múltiples orificios, desde la boca a los poros de la piel, se muestra abierto a una comunicación permanente con el afuera. Comer no se entiende como in-corporar un alimento a un cuerpo de contornos claros, aunque solo sea por el hecho de que aún no se ha desarrollado la noción moderna de individuo. In-dividuo significa, en el lenguaje medieval, in-diviso, lo que no puede separarse de la comunidad, del grupo, y de una relacionalidad abierta con el ecosistema.

El comensal siente el sabor del mundo vencido y así sabe de él. Esta forma de celebrar el mundo comiéndoselo hace que la palabra sabia y la palabra sabrosa sean equivalentes. Solo lo que sabe (de sabor), sabe (de saber). Comer mientras se habla libera, como dice el lingüista Mijaíl Bajtín,[5] las palabras de las cadenas de la piedad y el temor divinos. Todo se vuelve accesible al juego y la alegría. Las charlas de mesa son libérrimas y burlonas. El atracón carnavalesco no se orienta hacia lo que le antecede (la vivencia ascética de la espiritualidad cristiana) ni hacia lo que le sucederá (el sentido utilitarista de la economía capitalista).

El arquetipo correspondiente a la cultura carnavalesca, su auténtico icono, es la figura de Gargantúa, ese cuerpo

---

[5] Bajtin, M. (1995). *La cultura popular en la edad media y el Renacimiento. El contexto de Francois Rabelais.* Alianza Editorial: Madrid.

permanentemente abierto que, cuando come, celebra la incesante renovación del ciclo de la vida y la muerte. Ahora bien, nuestra mentalidad moderna nos impide comprender el alcance de una figura como Gargantúa más allá del marco literario de los cuentos de Rabelais. Verlo a través del filtro edulcorante de un personaje de cuento y no como lo que realmente es, la encarnación del orden social medieval, cercena, en parte, la potencia política de Gargantúa. Un ejemplo nos ayudará a comprender esa limitación. De un tiempo a esta parte, en las fiestas de pueblos y ciudades del País Vasco, circula una reproducción de considerable tamaño de Gargantúa para deleite de niños y niñas. Una vez que entran por la boca y tras descender por un tobogán, los niños y niñas, que devienen simbólicamente alimento para Gargantúa, son obscenamente expulsados por el culo del muñeco. El juego infantil, aparentemente inocuo, representa en realidad el comer como flujo ininterrumpido que termina por romper toda distinción entre el arriba y el abajo. Entre lo virtuoso y lo procaz. Dudo de que el Partido Nacionalista Vasco, promotor de la mayoría de estas fiestas, caiga en la cuenta de cuál es, más allá de su inocente condición de tobogán, el programa político inscrito en esta suerte de dispositivo de socialización que es Gargantúa, con su dialéctica niveladora de los dos esfínteres del cuerpo humano, el de arriba y el de abajo.

El banquete ilustrado

Con la irrupción de la seriedad y el ascetismo burgués desaparecen los aspectos más proteicos del banquete carnavalesco, pasando el alimento y el cuerpo a engrosar el repertorio de la sátira y la denuncia de los malos hábitos en la esfera privada. Cuerpo y alimento se «patologizan».

La plaza pública, lugar de una comensalidad libérrima, de la glotonería y la embriaguez, en la cosmovisión carnavalesca, se torna, tras el viraje ascético, «esfera pública», lugar de la política o, lo que es lo mismo, de la palabra. Asistimos a la escisión moderna entre hablar y comer: la gastronomía se termina despolitizando. El comer queda aislado del proceso de trabajo y encerrado en la privacidad de la casa. La saciedad será, en adelante, no un signo de placer y un acto de celebración, sino la experiencia pecaminosa de un individuo egoísta aislado en la esfera privada, el *Homo economicus* del capitalismo.

El banquete burgués, propiamente dicho, es aquel acto público en que comer es el telón de fondo de lo que realmente importa: lo que se habla. Se trata de un comer estilizado (civilizado), antítesis de lo carnavalesco. Si en el carnaval la palabra celebraba que el mundo fuera, literalmente, engullido, en el banquete ilustrado se construye un mundo nuevo, la sociedad burguesa capitalista, a base de hablar de las empresas de común interés, tanto los negocios (ellos) como el amor romántico (ellas) —que no deja de ser la sublimación psicológica de ese acuerdo económico llamado matrimonio—. El comer estaría aquí operando como fetiche, como algo que está por otras cuestiones de mayor enjundia, sea la economía o la política, y, en menor medida, la cultura, cuando los llamados a la mesa son más diletantes (*gourmansds*) que militantes ascetas de la causa capitalista. El arquetipo de este régimen es el ciudadano bulímico, sujeto, como buen burgués, a una doble moral victoriana que se traduce en un comportamiento bipolar en lo que al comer y al hablar toca: por un lado, se empacha de palabras en la esfera pública y, por otro, hace lo propio con la comida en la privada.

En la incipiente sociedad burguesa, el comer, una vez des-politizado, se convierte en empresa (hoy día lo llamaríamos emprendimiento). En este sentido, el restaurante es una institución absolutamente crítica de cara al despliegue de la doble moral burguesa. Mientras el espacio de la sala es un espacio público, pleno de visibilidad, pensado para la exhibición y el fomento de la notoriedad, el espacio de producción, la cocina, es un espacio privado. Un espacio por ocultar, sucio, abigarrado, grasiento, húmedo, oscuro e inaccesible; literalmente, una caja negra. La comida desempeña, pues, en el banquete ilustrado, una función vicaria como telón de fondo y pretexto —mero avituallamiento— de un encuentro cuya razón de ser discurre (de discurso) por otros derroteros.

Entre la cocina y la sala se da una suerte de quiebra espacial, moral y epistemológica: a la sala le corresponden las acciones más virtuosas. Como sostiene la filósofa Carolyn Korsmeyer, es la sociedad burguesa la que jerarquiza los sentidos. En la sala se ejercitan los «altos» sentidos, la vista y el oído, es decir, la apreciación de lo perdurable y el ejercicio de la razón. En la cocina, en cambio, mora lo perecedero, los «bajos» sentidos (el tacto, el gusto y el olfato) y la experiencia puramente sensorial. El gusto, el tacto y el olfato proveen de experiencias demasiado subjetivas para ser interesantes desde el punto de vista filosófico, porque apuntan hacia el interior del cuerpo.

El banquete científico o metacomida

Hay dos modalidades de metacomida: el simposio científico y el congreso gastronómico. Ahora bien, desde que la gastronomía ha adquirido el estatus de ciencia, estas dos modalidades tienden a confundirse. Esta, la del banquete científico, es la relación comer/hablar correspondiente a sociedades llamadas «de ciencia» en las que la centralidad que ostentaban, en la modalidad anterior, el banquete burgués, la política y la economía es transferida al conocimiento científico y técnico. El comer pasa a primer plano, pero de un modo distinto a la manera proteica en que lo hacía en el ágape y el atracón.

La metacomida es un banquete más de saber que de sabor. Un comer diferido, mediatizado y espectacularizado. El banquete científico representa la distancia máxima entre el comer y el hablar, una suerte de sublimación de la comida, que se despliega en una morosa y exhibicionista preparación del alimento exhibida como saber-hacer (*know-how*). Se pasa así de la glotonería reprimida, aunque siempre latente, del orden burgués, a la verborrea de las sociedades de ciencia. El arquetipo que le corresponde a esta modalidad es, obviamente, el del cocinero anoréxico, quien, como diría Cervantes, «está metafísico porque no ha comido».

Cuando en las sociedades de ciencia se abre la caja negra de la cocina, las cosas del comer son muy otras. Pasamos de (el banquete de) *Platón*, donde lo que importa es aquello de lo que se habla mientras se come, a perorar sobre el *plato*. Si en la sociedad burguesa se separan (en la boca) alimentos y palabras, en las sociedades de ciencia, la cocina (y la boca) se llena de palabras. Las cocinas pasan de cajas negras a cubos transparentes: emulan las superficies blancas del museo, ese dispositivo inventado por la modernidad para poner en *scena* lo que antes resultaba *ob-sceno*, ajeno a cualquier escenografía.

No obstante, este proceso tan iluminador también tiene sus sombras. En el banquete científico se habla más que se come. En eso se asemeja al banquete ilustrado. Pero se habla, sobre todo, de lo que se come, hasta el punto de que se termina por no comer de tanto hablar. Diríase que, en la actualidad, el comer se desmaterializa y se convierte en una suerte de atracón de teorías y conceptos, antítesis del atracón carnavalesco. Como diría Ferrán Adrià, siempre tan certero y sintomático en sus apreciaciones, lo importante no es con qué esté hecha la tortilla, sino el «concepto tortilla». Queda, por cierto, pendiente el análisis de la boca de tan insigne cocinero. Ahí va, no obstante, a modo de *spoiler*, una posible hipótesis de trabajo: Adrià es el único cocinero que cuando habla parece que esté hablando y comiendo a la vez. Conclusión parcial: como Obélix, que cayó de pequeño en la marmita en la que Panoramix preparaba la poción mágica y nunca más tuvo que beberla para desplegar su fuerza, Ferrán Adrià nació ya comiendo.

En las cocinas modernas, las cosas no se saborean, se saben. Esto conduce, en buena medida, a una espectacularización de la gastronomía y a transitar del *plato* al *plató*, a hablar frente a audiencias masivas, desde los tutoriales de Instagram a los incontables programas televisivos de cocina. En suma, el principal indicio de que es en el banquete científico donde hablar y comer experimentan un mayor desencuentro es que, mientras se habla de ella, la comida se queda fría. Y convendrá con nosotros el lector en que no es lo mismo que a uno se le enfríe la comida mientras habla de otros asuntos que mientras habla sobre ella. Esto segundo es imperdonable.

Tiempo de comersar

Hasta aquí las cuatro postales. ¿Y el deseo? Si, como hemos argumentado, la historia de la boca demuestra que, según avanza el tiempo, aumenta la distancia entre hablar y comer, ¿qué habría que hacer para que se reencontraran? La respuesta es *comersar*.

La filósofa Annamarie Mol[6] sugiere que la tradición filosófica occidental ha elevado el pensamiento y el habla por encima de comer y nutrir, dando así a «lo humano» —al que come en detrimento del comer y de lo que se come— un papel superior en el debate en torno a cómo nos relacionamos con el mundo. ¿Y si pensáramos en formas alternativas de ser, conocer, hacer y relacionarnos a través del comer? A la vista está que la visión antropocéntrica no alcanza a comprender la complejidad de la experiencia humana del comer. ¿Qué pasaría si nuestros repertorios teóricos no se inspiraran en el pensamiento, en el logos, sino en la comida? ¿Si apostáramos por una relación más metabólica que cognitiva hacia el mundo? El palabro comersación, que deriva de la fusión entre comer y conversar (hablar), trataría de sintetizar la potencia de este comer que habla por sí mismo. Estamos ante un comer que sabe del mundo porque lo saborea. Michel Serres lo dice de esta poética manera:

> ¿Cómo se puede saborear una pera si pasa por la lengua parlanchina y no por la boca sapiente? […] Escuchemos en nuestra lengua: no hay nada en la sapiencia que no haya pasado por la boca y el gusto, por la sapidez […] Solo nos imaginamos lenguas sabias en torno a la mesa.[7]

Los platos que degustamos funcionarían en este caso como dispositivos epistemológicos: comida destinada a pensar el mundo a su través, cuando es *comida*. «Restaurar» la

---

[6] Mol, A. (2021). *Eating in Theory*. Duke University Press: Durham (Reino Unido).
[7] Serres, M. (2002). *Los cinco sentidos* p. 215. Aguilar: Madrid.

reflexividad de la gastronomía tras el empacho científico, ese es el propósito de la comersación. Transitamos de esta guisa del restaurante inmersivo al reflexivo. De cocinar platos, a cocinar el mundo. Del cosmopolitismo *foodie*, a la cosmo-política, es decir, a contemplar la contribución de comer y cocinar a la composición del mundo. Si la metacomida anunciaba el desplazamiento del lugar de la gastronomía del restaurante al laboratorio, la comersación hace lo propio entre el laboratorio y lo que podríamos llamar el *cocinatorio*, esa suerte de espacio liminal en el que científicos, cocineros y comensales comen (y cocinan) sin jerarquías, «en igualdad de condiciones», para metabolizar el mundo conjuntamente.

CÓMO MEJORAR LA CONVERSACIÓN

La visibilidad social y el eco mediático que ha alcanzado la gastronomía no se han visto acompañados de una reflexión crítica y sosegada sobre su alcance y evolución. La dificultad aumenta exponencialmente cuando la información en torno al fenómeno trata de alcanzar a un público no experto, que no tiene por qué conocer de primera mano el mundo de la gastronomía; un público solamente —que ya es bastante— interesado, curioso.

En general, si bien se conocen con exactitud las *cuentas* de la gastronomía en tanto que empresa colectiva, por ejemplo, su peso creciente en términos de PIB, no ocurre lo mismo con sus *cuentos*. No solo los platos ni los restaurantes están necesitados de ello. También la gastronomía reclama un *storytelling* que esté a la altura de la complejidad que la atraviesa. Pero contar el cuento de la gastronomía es más difícil que hacer sus cuentas.

Es una evidencia: la gastronomía está hasta en la sopa. Ha pasado a engrosar, casi a monopolizar, la agenda mediática y las redes sociales. Ya apenas hay medios escritos o audiovisuales que no tengan su sección de gastronomía, lo cual es significativo, toda vez que las secciones de los periódicos radiografían, a pequeña escala, el peso que otorga una sociedad a sus distintas facetas. Por poner un ejemplo, hasta que inauguró su sección de gastronomía, para acceder, en el diario que acostumbro leer, a las noticias de ese rubro, tenía que pinchar en la sección «Gente» y dentro de ella en la subsección «Estilo». El corolario es que, para ese medio, y para muchos otros, la gastronomía es una cuestión de «gente con estilo».

Estar hasta en la sopa tiene su lado bueno: significa estar en boca de todos. Pero tiene también una contrapartida: la boca, como hemos visto en la breve historia que hemos dedicado a este órgano, puede estar tan colmada de sopa que nos impida hablar.

La física utiliza el concepto de entropía para referirse al desorden que se produce en un sistema cuando irrumpen en él infinidad de nuevos inputs. Es cierto que la gastronomía nunca ha sido un mundo cerrado a influencias externas. De ser así habría muerto, paradójicamente, de inanición al repetir sin fin la misma receta. Ahora bien, si, como parece suceder en la actualidad, la gastronomía se abre demasiado a estímulos externos, podría terminar siendo absorbida por aquello que la rodea, perdiendo así su especificidad.

Hoy día asistimos a un encarnizado debate entre dos formas de entender la gastronomía que podrían sintetizarse en las fórmulas «cocina sin tonterías» *versus* «más que comer». La primera es una gastronomía eminentemente «populista» (aunque se autoproclama «popular»), orientada a las tradiciones y a la memoria gustativa, centrada en el producto (de calidad) y el recetario, es decir, en la obediencia de ciertas pautas de ejecución, como si una *alleniana* abuela, pertrechada de enorme rodillo, estuviera vigilándonos desde el cielo para impedir que se nos fuera la olla. [8]

En segundo lugar, frente a la cocina de producto, tenemos una cocina que, si bien no desdeña la calidad de este y la tradición gastronómica —ni siquiera la apelación, siempre táctica, a qué negarlo, y tan masculina, a las bondades de la cocina de la abuela—, se caracteriza por hacer

---

[8] Los libros *La cocina al desnudo*, de Santi Santamaría, y *Con la cocina no se juega*, de David de Jorge, son dos ejemplos de este paradigma populista de la gastronomía.

prevalecer los procesos, en una palabra, la creatividad, sobre la bondad del producto. Como me dijo cierta vez un
cocinero, «no es el huevo lo que te cobro. Si quieres, el huevo te lo regalo. Es el sistema».

Pero ¿refleja este debate la complejidad que caracteriza hoy día a la gastronomía? Estamos convencidos de que,
formulada en estos términos, la controversia no refleja lo
que de prometedora tiene la entropía que ha experimentado la gastronomía, más bien neutraliza esa promesa de
futuro. Con el fin de evitar los dos extremos del «más que
comer» y la «cocina sin tonterías», es necesario escribir un
relato ponderado sobre la complejidad que atraviesa a la
gastronomía contemporánea. Buscamos, pues, construir
una narrativa que aspire a poner orden en lo que acontece
y, de paso, contribuya a la mejora de la conversación. No olvidemos estas dos reglas de juego: a) lo que no se comunica
no existe y b) el ser de la gastronomía dependerá de cómo
se comunique.

Elogio de la complejidad

Complicado y complejo no significan lo mismo, por más que
muchas veces, en el lenguaje cotidiano, empleemos estos dos
términos indistintamente. No es lo mismo decir que vivimos
en un mundo complicado que en un mundo complejo. Decir
lo primero alude a la dificultad de una determinada tarea y
es descorazonador, hasta el punto de que nos puede llevar a
la desesperación, cuando no a la inacción. Optar por lo segundo, en cambio, debería entenderse como una invitación
a comernos el mundo, a enfrentarnos a él con fuerza, astucia
e ilusión.

Lo curioso de la complejidad es que, por mucho que te compliques, si no alcanzas a comprenderla, es ella la que te va cocinando a fuego lento. Hacemos el mundo tan complicado porque no sabemos lo que tiene de complejo, lo que nos impide fluir con él. El escritor David Foster Wallace solía contar un chiste muy esclarecedor:

> Están dos peces nadando uno junto al otro cuando se topan con un pez más viejo nadando en sentido contrario, que los saluda y dice: «Buen día, muchachos, ¿cómo está el agua?». Los dos peces siguen nadando hasta que después de un tiempo uno se vuelve hacia el otro y pregunta: «¿Qué demonios es el agua?».[9]

La complejidad se puede definir como un mar habitado por peces que no saben qué es el agua, razón por la cual, se complican la vida. El sociólogo alemán Ulrich Beck dio con la causa principal de este despropósito: por lo general, tendemos a dar respuestas biográficas a desafíos sistémicos.[10] Y esto, refugiarnos en nosotros mismos frente a problemas que nos desbordan, no hace más que acrecentar la distancia entre lo complicado y lo complejo: cada vez estamos más lejos de comprender la complejidad que nosotros mismos alimentamos... con nuestras absurdas complicaciones. De todo lo anterior, se sigue que la complejidad solo se puede afrontar cabalmente con más complejidad, lo que es decir con menos complicación. Esa complejidad no está, sin embargo, ahí fuera, a la espera de que se nos revele o la des-cubramos, sino que, emulando al Barón de Münchhausen, que para elevarse tenía que tirar de su propia barba, está en nuestra mano procesarla.

---

[9] Foster Wallace, D. (2014). *Esto es agua*. Random House: Madrid.
[10] Beck, U. (1998). *La sociedad del riesgo. Hacia una nueva modernidad*. Paidós: Barcelona.

La gastronomía no es ajena a este dilema. «Complejidad» podría ser el seco enunciado del plato que se está cocinando a fuego lento en el ámbito de la gastronomía contemporánea. ¿Somos conscientes de ello? Tengo la impresión de que la gastronomía que conocemos es más complicada que compleja.

Complicarse es construir una gastronomía «egosistémica» que ofrece respuestas de corto alcance frente a la complejidad. Y las soluciones sencillas para los problemas complejos suelen acabar formando parte del problema. Son soluciones, decíamos, «biográficas», disolventes de toda iniciativa colectiva: a) las «estrellas» que a causa de su brillo fatuo desmerecen la vibrante constelación que habitan y sustituyen cualquier atisbo de movimiento social por una estomagante feria de las vanidades; b) el *personal branding* de los cocineros (por lo general *ellos*); c) las vidas instagrameables de los *foodies*. En fin, formas, todas ellas, que adoptan una visibilidad pública que se convierte en regalo envenenado porque, en ausencia de una gestión inteligente de la notoriedad, cae fácilmente en la banalidad.

Insistiré en esta idea: la gastronomía complicada es aquella que hace de los platos (y los platós) «su mundo», que no se aventura más allá de las fronteras de lo culinario. La gastronomía compleja, en cambio, sostiene que el mundo es un plato que hay que cocinar; que cuando cocinamos no cocinamos solo comida: transformamos el mundo a escala infinitesimal, pero ubicua. Eso que se dice tan a menudo de que la gastronomía es «más que comer», no significa, pues, únicamente que a través de ella se sublimen los sentidos, se provoque placer, se suscite interés o, en el más extremo de los casos, se nos haga pensar. La cocina es más que comer porque a través de ella estamos construyendo el mundo, aunque a menudo, como advertía Marx, no sepamos bajo qué condiciones lo hacemos. Hacer del plato (todo) un mundo; hacer del mundo un plato. Estas deberían ser la sístole y la diástole del latido de la gastronomía. Cocineros de platos y cocineros de mundos trabajando a la vez.

Complicarse es, también, cocinar un discurso social hegemónico en el que rige el *teorema del ooooooh*. Cuando los chefs, investidos como están de autoridad, dicen cualquier obviedad, exclamamos asombro o admiración (ooooooh) por miedo a disentir, a salirnos del carril principal. A proclamar que el emperador está, efectivamente, desnudo.

Lo que no se comunica, decíamos, no existe. El mundo se ha convertido en una gran conversación sobre las cosas del comer. Una conversación polifónica. Los interlocutores no son ya los tradicionalmente llamados a la mesa de la gastronomía, esos críticos y gourmets que, desde una posición de autoridad, peroraban ante la presencia apocada de un cocinero que no abría la boca, ni siquiera para hablar de la sopa que había cocinado. [11]

Hoy día, la autoridad está socialmente distribuida. Se ha empezado por dar la voz a los cocineros, que comienzan a ser escuchados y no solamente cuando hablan de cuestiones gastronómicas, por delirante o catastrófico que pueda resultar a veces. Por otra parte, ha emergido toda una cultura, la de quienes en un alarde de autoconciencia han hecho de la comida el nuevo centro de su vida. Estos nuevos públicos de la gastronomía son plurales, como plurales son los medios que emplean para comunicarse. El saber gastronómico ya no se transmite *sotto voce* en la trastienda de la cocina. Constituye ya un fenómeno transmedia: está en los libros,

---

[11] Sabido es que el origen del término «restaurante» se asocia con la sopa que algunos establecimientos servían para «restaurar» el cuerpo y el ánimo de quienes acudían a ellos.

en programas de televisión con audiencias desorbitantes, en las redes sociales, en el internet de las cosas y, últimamente, en la Inteligencia Artificial.

Ahora bien, la gastronomía está hasta en la sopa no solo porque su presencia mediática se haya vuelto abrumadora, sino porque está teniendo resonancia en otros ámbitos en los que antaño ni estaba ni se la esperaba. Sin afán de ser exhaustivos, destacaremos al menos cuatro territorios a los que la gastronomía ha accedido para quedarse: la gastronomía como forma de activismo (dimensión política); la gastronomía como ciencia (dimensión epistemológica); la gastronomía como generadora de valor(es) tangible(s) e intangible(s) (dimensión económica y ética); la gastronomía como experiencia hedónica (dimensión estética).

La gastronomía es un movimiento (dimensión política)

La responsabilidad medioambiental, el compromiso social y el activismo son facetas que los profesionales de la cocina han incorporado a sus rutinas cotidianas. Este hecho no puede soslayar, sin embargo, las consecuencias perversas que derivan de hacer un mal uso de la visibilidad o el prestigio social de los cocineros, como si el compromiso social o político fuera una muesca más en el revólver de la (auto) promoción, arrastrando a la profesión hacia la trivialización o la banalización.

En el otro extremo del tablero, la visibilidad de la gastronomía es también un buen acicate para que obtengan un merecido eco iniciativas sociales que aspiran a buscar una solución a los problemas de los sistemas alimentarios y tratan de mostrarse cada vez más reflexivas frente a un mundo en constante transformación. Así las cosas, no resulta exagerado afirmar que la ubicuidad de la gastronomía ha sido uno de los factores que mayormente han contribuido a la emergencia, por primera vez en la historia, de un movimiento social en torno a la alimentación. ¿Sabemos realmente qué comemos? ¿Seremos capaces de hacer un consumo sostenible que no ahogue el planeta en basura? ¿Lograremos preservar la diversidad biológica, social y cultural del mundo? ¿Evitaremos la explotación en nuestras formas de trabajo? Estos son algunos de los desafíos que es preciso encarar con urgencia.

La gastronomía es ciencia (dimensión epistemológica)

La gastronomía ha vivido una transformación interna desde que ha comenzado a colaborar con científicos, expertos y profesionales de diferentes campos de saber (físicos, químicos, nutricionistas, tecnólogos de los alimentos, antropólogos, filósofos, sociólogos, economistas, publicistas, comunicólogos, expertos en redes sociales, en Inteligencia Artificial, artistas… la lista es interminable). A estas alturas, no es descabellado afirmar algo que no hace mucho tiempo escandalizaba a algunos y asustaba a la mayoría: la gastronomía es ya una ciencia. Lo que antes era un aditamento que quedaba bonito en el *storytelling* del restaurante, ahora, en una sociedad llamada «del conocimiento», es una necesidad sistémica.

La principal diferencia es que lo que antaño se hacía de manera intuitiva, a través de un empirismo de prueba-error, del «a ver qué pasa», en la actualidad se hace de manera metódica y sistemática. Estamos viviendo una revolución tanto en la ciencia básica —*gastronomía molecular* mediante—, como en los ámbitos de la tecnología y la técnica, donde destacan aspectos tecnoemocionales como la multisensorialidad y la llamada experiencia inmersiva (gastronomía *aumentada*), que han hecho de la gastronomía una actividad pionera a la hora de ensamblar dos dimensiones, la técnica y la emocional, lo que para algunas mentalidades tecnófobas resulta contraintuitivo, cuando no directamente blasfemo. Como consecuencia de todo ello, las tornas han cambiado: la gastronomía es un ejemplo a seguir también para la práctica científica, habida cuenta de que ha sabido transgredir la radical separación entre la cultura de la ciencia y la cultura de las humanidades de la que hablara C. P. Snow. [12]

Asistimos, pues, a un cambio de polaridad. En un principio, los cocineros se acercaban con curiosidad y respeto, a veces con una indisimulada reverencia, a otras disciplinas (científicas, sociales, humanísticas). Hoy día, son expertos de toda índole los que se acercan a la gastronomía, porque se han dado cuenta de que bajo su égida emulsionan mejor que en sus propios ámbitos de actividad las tres principales dimensiones de la realidad: la dimensión material, la técnica y la simbólica o cultural. Solo falta ponerle nombre al logro. ¿Hablamos de una *gastronomía científica*? Esta denominación se queda corta, dado que alude a una gastronomía *dopada* por la ciencia y la tecnología, esto es, una gastronomía que hace uso de conocimientos científicos del mismo modo que hace uso del *ronner*. ¿Y *ciencias gastronómicas*? Esta opción remite al conjunto de ciencias que se han acercado, por curiosidad o por moda, tanto da, a la gastronomía

---

[12] Snow, C. P. (2009). *Las dos culturas*. Editorial Nueva Visión Argentina: Buenos Aires.

y que, por lo general, llevan el ascua de la gastronomía a la sardina de su propia disciplina. Suena mejor, sin duda, *ciencia de la gastronomía*, una disciplina científica por derecho propio, que hace de la gastronomía su objeto de análisis y también la perspectiva desde la que comprender el mundo, no solo lo que el plato contiene. La ciencia de la gastronomía será una ciencia de la *comersación* o no será.

La gastronomía son valores (dimensión económica y ética)

El valor de la gastronomía siempre ha colgado de la cadena de la alimentación. Sin embargo, algunas veces, esa cadena ha ahogado sus potencialidades. Por ejemplo, que el valor se mida únicamente en términos económicos o que solo sea valioso lo que pueda ser monetizado. ¿Qué tendría que aportar la gastronomía en términos de valor? Es hora de que se produzca un cambio de paradigma, de modo que pasemos de la cadena de valor a los valores en cadena, la mayoría de ellos intangibles, que la gastronomía ha sabido activar en los distintos eslabones de su práctica: el cuidado, la autenticidad, la sostenibilidad, la comunicación, la identidad, la integración, la comensalidad, la hospitalidad, etc.

No hablamos ya de activismo, de pasar a la acción, sino de una nueva ingeniería gastronómica en el sentido literal del término: el empleo del ingenio para optimizar los modelos de negocio y mejorar, haciendo más sostenibles, las condiciones de trabajo, al tiempo que se facilita el acceso de la población en general al, con mucha frecuencia, exclusivo ámbito de la gastronomía.

Hablar de valores es, no obstante, cosificar y desactivar otros acercamientos más interesantes a la gastronomía. Se habla de valores como si fueran cajitas empaquetadas que contienen cosas muy bonitas que nos pasamos unos a otros (padres/madres a hijas/hijos, docentes a estudiantes, cocineras/cocineros a comensales). Como sociólogo me incomoda mucho el término, por más que a muchos de mi gremio les dé de comer. Es un término eminentemente marketiniano. La arquitectura de la sociedad actual es demasiado compleja para traducirla a valores. Sería como pretender representar un flujo con piezas de lego. «Valores» es un término que desmerece lo más hermoso del ser humano: la ambivalencia.

La gastronomía es experiencia (dimensión estética)

«Experiencia gastronómica» es una expresión que está ya en boca de todos, que ya es parte de la sopa de letras de la gastronomía. A través de ella se trata de recoger esos aspectos o dimensiones de lo gastronómico que van más allá del hecho funcional de la alimentación. Entenderla como experiencia acerca la gastronomía a una dimensión, el hedonismo, la sublimación de la cocina a través de los sentidos, que no podemos soslayar, salvo que queramos hacer de la gastronomía una materia demasiado seria y acartonada, o un mero problema de subsistencia. La experiencia gastronómica moviliza una serie de recursos para obtener el mayor placer, un placer no solo sensorial, sino también emocional y, por qué no, intelectual. Un placer que no está dado, sino que hay que provocarlo:

> El gusto no está dado, ha de ser probado, y para ello he-
> mos de hacerlo aparecer mediante los innumerables dis-
> positivos que el entusiasmo ha ideado.[13]

Lo paradójico de la situación es que, como le escuché una vez al periodista y escritor argentino Martín Caparrós, la comida se ha convertido en «un objeto de consumo que no necesita ser comido para ser consumido». Observar la foto que ha colgado en Instagram alguien que está comiendo en un restaurante maravilloso es una experiencia gastronómica. El desafío está en mejorar estas experiencias, hacerlas accesibles, convertirlas en un lujo al alcance de todos. Arduo trabajo, porque los cocineros se enfrentan a un público empoderado, difícil de contentar, toda vez que, afortunadamente, sabe cada vez más de gastronomía.

Ahora bien, los cocineros se han complicado mucho en materia de experiencia gastronómica. Las artes culinarias están experimentando en la actualidad una fase casi manierista. Hay una tendencia generalizada a hacer de la experiencia algo más inmersivo que reflexivo. Dicho con otras palabras, a sujetar al comensal y someterlo a una batería de estímulos de todo tipo (sensoriales, estéticos, filosóficos, organolépticos, técnicos, audiovisuales, neurológicos, etc.), en lugar de habilitar las condiciones para que se empodere en tanto que sujeto de una experiencia que puede mejorar, en el sentido de volverse más compleja, si se comporta como comensal activo y no como audiencia pasiva.

Como sucede con cualquier ingrediente, también el veneno de la tecnología está en la dosis. La experiencia inmersiva (360 grados) puede mutar en experiencia dopada,

---

[13] Hennion, A., Teil, G. y Vergnaud, F. (2005). «Questions of taste» en Latour, B. y Weibel, P. (eds.) *Making Things Public*, p. 675. MIT Press: Cambridge (Mass.).

mejor dicho, tecnodopada, a causa de esa suerte de obsesión prometeica de profesor chiflado de los cocineros *techies* por dispositivos o gadgets tecnológicos que en su exceso paródico carecen de sentido y no ofrecen utilidad alguna. Complicarse es, en este ámbito, sacarse de la manga platos acrobáticos que, una vez consumada la pirueta, flotan en el vacío, no aterrizan, y se quedan en una nadería.

CARDAR LA FAMA

Pongamos que la gastronomía es, en sentido metafórico, por supuesto, un campo cuántico. La física postula que no es posible ver al mismo tiempo la posición de una partícula y la onda (el movimiento en el que esa partícula está inmersa). La gastronomía contemporánea está fuertemente sometida a este principio. Hay que elegir, porque de la elección dependerá no solo el relato, sino la articulación misma del campo gastronómico: o bien se observa la posición de la partícula, de algunos cocineros que acaparan el protagonismo de la fiesta, o bien se atiende a la onda, al extraordinario proceso de transformación que ha sufrido la gastronomía como fenómeno social, lo que ha terminado convirtiéndola en todo un movimiento.

Resulta cuando menos extraño y a la vez sintomático de los tiempos que corren que un proceso de cambio colectivo y multidimensional, como el que ha atravesado la gastronomía, vaya de la mano de una creciente visibilidad o notoriedad de algunos, muy pocos, de sus protagonistas. Es como si en el firmamento solo brillasen unas pocas estrellas, y que la intensidad de ese brillo nublase la visión de la constelación de la que aquellas forman parte.

Probablemente, lo que sucede es que nuestra ancestral condición antropológica de contadores y escuchadores de historias hace posible el relato de lo que pasa únicamente bajo la condición de que cuente con un protagonista de carne y hueso. Esto resuelve de un plumazo dos expedientes: en primer lugar, sabemos a quién le suceden las cosas o quién hace que las cosas sucedan, que no es lo mismo, pero es igual. Y, en segundo lugar, contamos con un punto de referencia, un rostro con el que identificarnos. Esta de la identificación es una condición indispensable para que funcione esa mecánica newtoniana que opera en sociedades meritocráticas como la nuestra, a través de la cual otorgamos a quien corresponda tanto la responsabilidad como el valor de sus logros. Es como si los relatos tuviesen necesariamente que echar mano, para ser comprendidos, de alguien con rostro reconocible a quien imputar el fracaso o la gloria.

No obstante, las cosas son más complejas. La gastronomía es un plato cocinado entre muchas manos. Quedarse prendado de la figura del héroe limita, cuando no impide, la observación del movimiento, es decir, impide comprender, en toda su riqueza de matices, la trama de la historia reciente de la gastronomía. No pretendíamos otra cosa cuando, en lugar de contar la historia de los grandes n/hombres de la gastronomía y sus hazañas, optamos por dar protagonismo a la boca. Mejor, a las bocas, porque todos tenemos una. En la historia de la gastronomía intervienen muchas bocas: es una historia coral.

En el ámbito de la gastronomía ha sucedido, sin embargo, algo paradójico, que la apuesta disruptiva e innovadora de hace no muchos años ha derivado a base de repetir hasta la saciedad la misma puesta en escena en un espectáculo ciertamente obsceno. *Ob-sceno*, recordábamos más arriba, es lo que carece de puesta en escena, lo crudo, lo desnudo. Esta gastronomía que ha buscado alcanzar cada vez mayores cotas de poder e influencia, asegurando su presencia constante en el escenario, tiene una determinada gramática, un lenguaje propio. Es una gastronomía autoindulgente, autocomplaciente y obsesionada con rituales autocelebratorios. En una palabra: una gastronomía autorreferencial.

Hagamos un pequeño bestiario de estas formas de proceder. Mejor un BESTiario, porque, ya desde sus orígenes, desde la iniciativa, pionera en el Estado español, de *Lo mejor de la gastronomía*, se constata una obsesión por lo superlativo, por declinar los términos mejor y más en todas sus variantes. El juego consiste en identificar primero el/la/lo mejor y proclamarlo después a los cuatro vientos en innumerables eventos hasta hacer de tal atribución una profecía autocumplida. Qué se haga para formar parte del olimpo de los elegidos termina convirtiéndose en algo secundario respecto del reconocimiento en sí.

El premio es uno de los estiletes de la gramática meritocrática de la gastronomía. Los premios proliferan como esporas, en multitud de formas y variantes, desde el concurso de la Mejor Ensaladilla Rusa de España a *MasterChef Celebrity* —la necesidad inagotable que tienen las celebridades de ser más célebres aún parasita la gastronomía como un nuevo territorio de oportunidad—, pasando por esa suerte de Torneo de las Naciones de la Gastronomía que es el Bocuse de Oro. Por reducción al absurdo, a este paso, con semejante proliferación de premios, cada cual podría tener el suyo. El otro estilete de esta obsesiva máquina de evaluar son las listas o rankings. También aquí la oferta es tan prolija que, por reducción al absurdo, se terminan haciendo rankings de rankings. Listas de listas. Recientemente leía en una página gastronómica de internet un post sobre «El Top 7 de las principales guías y listas gastronómicas del mundo». La lista de las listas más listas: Michelin, 50 Best, Zagat, SOL Repsol, Makansutra, Gault Millau y Relais & Chateaux.[14]

Pero ¿de qué es síntoma que la gastronomía se celebre tanto a sí misma? A mi juicio es producto de una gestión errónea de la notoriedad; de una manera deficiente de cardar la fama. La apuesta es en favor de lo que el filósofo alemán

---

[14] Consultado en https://espana.gastronomia.com/noticia/6546/top-7-de-las-principales-guias-y-listas-gastronomicas-del-mundo el 18-12-2023.

Jürgen Habermas [15] llama la «notoriedad pública representativa», una estrategia que busca impactos mediáticos, estar permanentemente en el candelero y orientar el sentido de todo lo que se hace y lo que se comunica (lo que se dice que se hace) a la obtención o la consolidación del reconocimiento. Haré lo que haya que hacer para estar en tal o cual lista, para obtener tal o cual premio. Pero no ha de olvidarse que listas y premios son *performativos*: no premian a los que hacen, sino que hacen a los que premian. Obligan a quienes aspiran a obtener el premio a ser dóciles frente a determinadas maneras de hacer que se decretan como las apropiadas.

Buscar el *reconocimiento* inmediato supone, a menudo, la merma de la calidad del *conocimiento* que se despliega para ello. Además, la proliferación de reconocimientos redunda en *recocimiento* del propio sistema, convirtiéndolo en una estomagante feria de vanidades. Creo que el que la cocina haya estado largo tiempo acantonada en los fogones, al margen del escrutinio público, es, en buena parte, la causa de semejante sobreactuación.

El objetivo es, en suma, tener presencia en la opinión publicada, lo que va en detrimento de su otra derivada: la opinión pública. Por opinión pública entendemos, con Habermas, el sistema de comunicación de una sociedad que cuenta con una esfera pública bien articulada, en la que se da un debate abierto, libre y horizontal donde todo el mundo (no solo quienes gozan de fama), puede (y en cierto modo debe) expresar su opinión. La resultante de estas reglas del juego es que termina imponiéndose el juicio o argumento más convincente y no el que más notoriedad o impactos (más *likes*) alcanza. Porque no es lo mismo lograr impactos que impactar.

---

[15] Habermas, J. (1981). *Historia y crítica de la opinión pública*. Gustavo Gili: Barcelona.

Lo segundo es consecuencia de un debate público bien trabado, de una sociedad alerta (léase de una gastronomía alerta). Lo primero, de una exitosa estrategia de marketing a cargo de ingenieros de la notoriedad que operan en una sociedad de espectadores en la que unos pocos hacen y muchos observan.

¿Trascenderemos alguna vez esta gastronomía exclusiva y excluyente, protagonizada por cocineros que obtienen reconocimiento, críticos que lo otorgan y comensales o clientes que se dejan enrolar por estas opiniones? ¿Transitaremos de lo anterior a una gastronomía de código abierto que adopta la forma de debate o, mejor, movimiento ciudadano? La dificultad radica en que para ello es preciso echar mano de otros lenguajes, de otras formas de comunicar. La ciencia, con sus limitaciones, pues también está llena de artimañas, es lo más parecido a un sistema abierto en el que quien obtiene la fama es, por lo general, el que carda la lana.

La ciencia es un sistema cuya recompensa inmediata no es la notoriedad pública. Hagan la prueba. Muestren las fotografías anonimizadas —por si acaso, no vaya a ser que alguien conozca los nombres— de los inventores de las vacunas contra la COVID-19. Por las trazas de su rostro y vestimentas, los más pacatos dirán que se trata de, qué sé yo, un grupo de música barroca, mientras que los más perversos pensarán que se trata de un grupo de *swingers* alemanes. A lo que voy es a que nadie los conoce. Son anónimos. Es gente común que hace cosas muy poco comunes. ¿Por qué ocurre esto, siendo, como es, tan trascendental lo que han conseguido? Porque la ciencia es necesariamente un sistema experto, una inteligencia colectiva y distribuida, sin rostro. Solo siendo eso puede estar a la altura de la complejidad de aquello a lo que se enfrenta, por ejemplo, la COVID-19. Estos científicos, mejor, el sistema experto del que participan, ha logrado ser isomorfo, tener la misma forma de aquello que pretendía combatir, el virus. Ha actuado de manera viral y colaborativa. Ahí reside su éxito: ha actuado como un ecosistema, no como un egosistema.

La gastronomía de los egosistemas, esa gastronomía de la *influencia* mal entendida, genera mucha complicación con el fin de que los dispositivos de reconocimiento sigan mostrando los mismos resultados eternamente; para que siga funcionando lo que los sociólogos de la ciencia llaman el Efecto Mateo: es al ya reconocido al que están destinados los reconocimientos por venir. La gastronomía de los ecosistemas, en cambio, trabaja en entornos complejos, razón por la cual es más difícil de dar a conocer, puesto que interpela a la gastronomía como sistema experto, antes que a los logros de determinadas biografías.

Pases son amores

Llegados a este punto, me voy a permitir un excurso futbolístico, aunque solo sea porque el fútbol, junto con el mundo del papel cuché y, últimamente, la política, muestra un enorme paralelismo en sus formas de cardar la fama con esa gastronomía en la que la visión de la partícula se impone sobre el movimiento de la onda.

Como aficionado al fútbol entrado en años, recuerdo que, hace algún tiempo, los medios de comunicación se hicieron eco de una curiosa coincidencia. De un lado, Cristiano Ronaldo batía, con trece goles en seis partidos, el récord de mejor arranque goleador de la Liga española en sesenta años. Esa misma jornada, pero en la Bundesliga alemana, Xabi Alonso establecía un nuevo registro de pases (bien) dados en un partido (206 toques) en las cinco principales competiciones europeas (Alemania, España, Inglaterra, Italia, Francia). Estamos ante dos grandes paradigmas que pugnan por definir el fútbol en tanto que manera de estar en el mundo: rematar y pasar.

Justo un año antes, cuando ambos jugadores militaban en la plantilla del Real Madrid, se produjo en un entrenamiento una muy jugosa anécdota, que pasó prácticamente desapercibida en los mentideros futbolísticos, que viene a abundar en la colisión de estas dos cosmovisiones. Discutían Alonso y Ronaldo sobre sus respectivas botas de fútbol. La conversación se desarrolló más o menos en estos términos:

- Alonso: *Comparar Adidas con Nike... Adidas es historia. Nike es baloncesto. Sí, baloncesto.*
- Ronaldo: *¿Baloncesto? ¿Nike?* [Señalando las botas de Alonso]. *¿Esas botas son mejores? Estas* [señalando las suyas] *son botas de top, de jugador top.*
- Alonso: *Esas botas son de plástico. De jugador top, pero de plástico. Nike lleva tres días en el fútbol. Lleva tres días. Adidas lleva desde el setenta con el fútbol.*

Pero ¿qué es lo que realmente se dirimía en esta discusión? Hay quien ha interpretado que este diálogo refuerza los valores de cada marca. Por un lado, Cristiano Ronaldo encarnaría lo que Nike busca: deseo de compra y pasión por el personaje. Xabi Alonso, por su parte, encarnaba la fiabilidad y la tradición, conceptos del gusto de la marca alemana. En una palabra, como una vez dijera Jorge Valdano, hermeneuta del fútbol, Alonso encarnaba el «minimalismo guipuzcoano», una concepción coral del trabajo de la que fue un soberbio ejemplo ese *boom* gastronómico que se dio en llamar Nueva Cocina Vasca.

Cuentan que Xabi Alonso estuvo muchos años hostigando a los agentes de Adidas para que le suministrasen las míticas botas negras con rayas blancas que en el mundial de 1974 calzó, entre otros, el *kaiser* Franz Beckenbauer, conocido como «el científico del fútbol». Esto supone, obviamente, un anacronismo en una época en que las botas están «personalizadas» y cambian de color más que un caleidoscopio. Es el caso de las botas de Cristiano Ronaldo, las CR7SE Elite 6 330 FK Mercurial Superfly, de las que se han hecho una infinidad de versiones, diseños efímeros que no tienen un valor de uso, sino un valor de signo.

Slow boots contra *fast boots*. La eterna dialéctica *slow/fast*, también aplicable a la gastronomía, encarnada, esta vez, por Alonso, adalid del fútbol sostenible, y Ronaldo, representante máximo de la obsolescencia programada de las botas (y probablemente del fútbol como deporte). Recuerdo una foto en la que ambos futbolistas se abrazaban tras marcar —más que probablemente Cristiano— un gol. En la foto, Ronaldo mira arriba porque seguramente está, cual Narciso, viendo su propio reflejo en la pantalla del estadio. Mientras, Xabi Alonso mira abajo y celebra el gol, porque es un gol que beneficia al equipo.

Xabi Alonso básicamente pasaba balones. Operaba como un *hub*, un centro de distribución que permitía conectar entre sí varias terminales, transmitiendo datos (pases) desde cualquiera de ellas hacia todas las demás. Cristiano Ronaldo es lo que en la vieja retórica del fútbol se llamaba un ariete, un delantero centro. Ronaldo es ejemplo del fútbol en su versión más agónica: el gol. De lo anterior se sigue un antagonismo entre dos modelos de sociedad. Una, la de los ronaldos, basada en las formas voluntaristas y heroicas del individualismo. Otra, la de los alonsos, en la complejidad sistémica y en una inteligencia colectiva.

El epílogo de esta historia es que Xabi Alonso colgó las botas hace ya unos años. En la actualidad, se dedica, ¡y con éxito!, a entrenar a equipos de élite. En el momento en que escribo esto se encuentra en la Bundesliga, entrenando al Bayer Leverkusen. Por su parte, Cristiano Ronaldo sigue metiendo goles en la liga de Arabia Saudita a 200 millones de euros el año. La pregunta es cuántos niños y niñas desean pasar el balón y cuántos rematar.

Hagamos una extrapolación hacia la gastronomía de la anécdota anterior. La forma en que afrontamos la gastronomía sintetiza, también, la manera en que nos enfrentamos al mundo, la manera en que lo construimos. La gastronomía, que antes vivía del pase, está en los últimos tiempos muy centrada en rematar, en las estrellas, en los rankings, la visibilidad, los impactos, las redes sociales, las pantallas, en las revoluciones permanentes. El acto de emplatar, que es el equivalente funcional del remate, un acto eminentemente masculino y fálico, cada vez se muestra más: ese último detalle que el jefe de cocina pone sobre el plato que han producido otros, los que se pasan el balón en la cocina. Cuando es un chef estrella el que protagoniza este instante, cosa que ocurre con mucha frecuencia, el efecto se multiplica. [16]

¿En la cocina hay medios centros o solo hay rematadores? Y si hay medios centros, ¿dónde están? ¿Quién pasa los balones en el centro del campo? ¿O, como ocurre en los *highlights* de los partidos de fútbol, solo se muestran las jugadas en las que el remate concluye en gol? ¿Es precipitado hablar de un cambio de paradigma, del tránsito de una gastronomía ariete a una gastronomía *hub*? Hay indicios que

---

[16] Véase el siguiente vídeo promocional de la edición de 2024 de Madrid Fusión épicamente titulado «Madrid Fusión 2024. Donde todo comienza». https://www.youtube.com/watch?v=g6vtKOGo4xQ. Consultado el 12-02-2024.

apuntan a que se está pasando de hablar de una cocina de vanguardia, creativa, de autor, a una cocina más expandida. Acudiendo a los viejos patrones conceptuales de Freud, estaríamos asistiendo a la transición entre un paradigma fálico, que se basa en la penetración, a un paradigma más envolvente, basado en el cuidado.

El sociólogo Bruno Latour [17] dice que hoy día, en plena crisis del paradigma de la modernidad, mejor que averiguar quiénes somos o quiénes son las estrellas es responder a la pregunta de dónde estamos, cómo es la constelación que habitamos. Y, dicho de manera sintética, estamos, jugamos en el medio campo. Pero ¿cuál es el medio campo de la gastronomía? ¿Dónde aterrizamos la gastronomía? ¿La aterrizamos en el 50 Best? ¿Desde dónde hay que mirar el mundo, dónde se encuentra esa posición cenital desde la cual alguien se permite la osadía de determinar cuáles son los cincuenta mejores restaurantes del mundo? ¿Lo miramos desde las estrellas Michelin? ¿Dónde descansa el arrojo de quien decide primero e impone después *urbi et orbi* la forma en la que es preceptivo cocinar? ¿Nos encaminamos realmente hacia una versión holística de la gastronomía? ¿Es lo mismo la visión holística, que es siempre situada, que una gastronomía ubicua que pretende estar en todas partes al mismo tiempo y no está realmente en ninguna? ¿Pensamos la gastronomía desde una *World Central Kitchen*, que, si bien produce prodigios logísticos, no es capaz de transformar la concepción que la gastronomía tiene respecto de su relación con el mundo? ¿No es esta una gastronomía que, por más que cocina *para* el mundo, no termina de cocinar el mundo de una manera más autoconsciente y

---

[17] Latour, B. (2021). *¿Dónde estoy? Una guía para habitar el planeta*. Taurus: Madrid.

crítica? ¿Una gastronomía que, autoproclamándose sostenible,[18] lo hace de manera tan impetuosa que le lleva a soslayar la cuestión de cómo contribuye esa misma ambición a las condiciones de inhabitabilidad del mundo?

Asistimos, en el sector más descollante de la gastronomía de vanguardia, a los primeros indicios que apuntan hacia la emergencia de sistemas expertos. Es el caso de Noma, que abandonará en 2024 el formato de restaurante para convertirse en no se sabe muy bien qué, quizás un centro de investigación donde abordar los sistemas alimentarios desde la perspectiva transdisciplinar de los *food studies*. O el proyecto, de carácter más enciclopédico, de elBulli 1846, que, dándole la vuelta al calcetín, se ha movido de la cocina creativa a la *cocina* de los procesos creativos, independientemente del ámbito en que se implementen estos. Abundando en esta lógica y llevándola a sus últimas consecuencias, no hace mucho, el cocinero Ángel León declaraba lo siguiente: «Mi sueño es un centro de investigaciones marinas donde haya científicos y no cocineros».[19] Dicho por alguien que se hace llamar «el chef del mar» es cuando menos indicativo de que la idolatría empieza a mostrar sus primeras canas.

---

[18] Un informe reciente titulado «La contribución de la Gastronomía a la consecución de los Objetivos de Desarrollo Sostenible», elaborado por el Basque Culinary Center y la Secretaría General Iberoamericana (SEGIB), identifica la contribución de la gastronomía a cada uno de los diecisiete Objetivos de Desarrollo Sostenible (ODS) y puntualiza cómo, de todos ellos, once están directamente relacionados con la alimentación, y cómo los otros seis están conectados con los sistemas alimentarios.

[19] «Ángel León, el chef del mar: mi sueño es un centro de investigaciones marinas donde haya científicos y no cocineros». *El País*, 23-01-2023.

Son síntomas, todos ellos, de que estamos dejando atrás la era de los superchefs para entrar en la de las inteligencias distribuidas. Que vamos hacia una gastronomía que juega en el medio campo, en el territorio de la complejidad. De los egosistemas a los ecosistemas, que son sensiblemente más difíciles de comprender y gestionar porque lo que sube al marcador no son únicamente los goles. Pases o goles: a estas alturas del partido, no ha lugar a decisiones de medio pelo.

GASTROLOGÍA. OTRA CIENCIA DE LA GASTRONOMÍA ES POSIBLE

Rondan mi calle, rondan mi calle.
Rondan mi calle, un alto y un pequeño rondan mi calle
LOS PLANETAS
La veleta

La gastronomía pertenece al territorio del *nomos*: norma, regla. Por ello se ha desenvuelto con relativa comodidad en sociedades normativas, donde unos pocos prescriben y unos muchos obedecen; donde son unos pocos los que hacen y muchos los que miran desde la grada. Las sociedades normativas son sociedades *de cultura*, sociedades en las que la cultura, una vez interiorizada, como si de una moral o un sistema operativo se tratara, funciona como un cemento social infalible. Esta norma se ha impuesto históricamente de manera tan férrea que se cree que todo nuevo marco mental, o la entropía que invade la gastronomía, no generará más que caos e incertidumbre.

Logos es conocimiento, ciencia. Esta segunda es la dimensión que prevalece en las sociedades llamadas «reflexivas». En ellas, toda definición constituye no tanto un mandato, cuanto una controversia, algo que está en permanente cuestionamiento. Las sociedades *de ciencia* no atienden a cómo deberían ser las cosas, sino a lo que son efectivamente. De una ontología cerrada en y por la gastronormatividad, transitamos hacia un campo de fuerzas imprevisible, entrópico, en el que la gastronomía sería fruto de relaciones sociales, materiales, tecnológicas, ecosistémicas, comerciales, estéticas, etc., que hacen de ella un código abierto, una suerte de prototipo en beta, sometido a una incesante redefinición.

La gastronomía ha operado hasta tiempos bien recientes como un territorio impenetrable, como una caja negra. Las cajas negras surgen cuando un determinado concepto se solidifica a causa de su éxito, lo que impide todo cuestionamiento de su sentido y sus reglas de funcionamiento. Así, cuanto más éxito tiene la noción de gastronomía, más opaca e intocable se vuelve. En tanto que caja negra, la gastronomía funciona como una fiesta de la que se ha olvidado que solamente algunos participantes, aquellos que hacen de la gastronomía una institución socialmente reconocible, «de sentido común», y no otros, han sido invitados: productores, alimentos, recetas, técnicas, platos, abuelas, cocineros, partidas, esferificaciones, restaurantes, *MasterChef*, congresos gastronómicos, estrellas Michelin, críticos, etc.

Desde este marco cognitivo, el «restaurante» se impone como la topología de lo gastronómico: es el lugar al que acude un «comensal» para que un «cocinero» le prepare una apetitosa «comida» que «restaure» por igual su cuerpo y su ánimo. Esta *norma* no escrita define el campo de juego de la gastronomía. Ahora bien, ¿podemos seguir otorgando vigencia a esos cuatro puntos cardinales de la restauración, a saber, restaurante-chef-comida-comensal, en un tiempo en el que todos ellos están siendo fuertemente erosionados en su lógica de funcionamiento?

Por ejemplo, quien se empecine en entender la figura del chef literalmente, como alguien que está encadenado a los fogones, se frustrará cuando no pueda verlo o saludarlo en su restaurante porque, pongamos por caso, está impartiendo una conferencia en una universidad o presentando ante los medios de comunicación su penúltimo libro de recetas. Este comensal «de toda la vida» no cae en la cuenta de que hoy día las cosas más relevantes para el restaurante se producen a menudo de puertas afuera de la cocina, en un laboratorio científico o en Instagram, tanto da.

Del mismo modo, quien no asuma que, en tiempos en los que prevalece la cultura digital, la comida ya no ha de ser digerida para ser comida, se desconcertará ante fenómenos de una extraordinaria vigencia como el *food-porn*, eso que antaño se estigmatizaba como «comer con los ojos».

Finalmente, quien sigue anclado en una concepción sumisa y acomplejada de cliente se sorprenderá ante el actual comensal documentado y empoderado, que sabe más de la propuesta gastronómica del restaurante que el *stagier* que está cocinando el menú degustación; estamos ante un comensal que no se deja paralizar por el miedo escénico, por mucho oropel que tenga el restaurante al que ha acudido.

En suma, la gastronormatividad es un lastre de cara a poder sacar partido de las nuevas inercias que asoman. Transformar la gastronomía pasa, pues, por modificar sus marcos cognitivos, lo que hoy día se denomina construir el nuevo «relato». Un relato que, como no podía ser de otra forma, en las sociedades del conocimiento, ha de estar a la altura de las exigencias del *logos*, de la ciencia.

La propuesta gastrológica

Hay una vieja parábola, originaria de la India, que cuenta la historia de siete ciegos, ignorantes todos ellos de la forma de un extraño animal, del que han oído hablar, llamado elefante. Cuando este aparece, comienzan a palparlo, tras lo cual cada uno de ellos concluye que el elefante es como la parte que está palpando: un árbol para quien ha palpado la pata, un abanico para quien ha palpado las orejas, una cuerda para quien ha palpado la cola, una lanza para quien ha palpado el colmillo, etc.

Hay quien ve en esta parábola un elogio del relativismo: hay distintos «puntos de vista», todos ellos igualmente respetables, de suerte que la suma de todos ellos nos dará una visión completa del elefante. De lo anterior se sigue que, llevando la parábola al ámbito científico, el elefante de la gastronomía adopta la forma de un conocimiento multidisciplinar. Si sumamos el aporte de cada una de las disciplinas científicas que se han congregado en torno a la gastronomía, obtenemos la imagen completa del fenómeno. Huelga decir que en ningún momento se pone en cuestión que las distintas perspectivas sean complementarias.

A mi entender, esta es una interpretación demasiado conciliadora de ciencia. Tiene ese candor de quien, por ignorancia, sostiene que, en materia científica, «la unión hace la fuerza». No es cuestión de relativismo, de respetar perspectivas y sumarlas, sino de relacionismo, de asumir y confrontar los sesgos que proyecta sobre el hecho gastronómico cada una de las disciplinas científicas en liza.

El primer elefante en asomarse por la cacharrería de la gastronomía es el de las ciencias duras, que no son solo ciencias de la naturaleza, sino, además, lo que la sociedad entiende «naturalmente» por ciencia. «Gastronomía molecular», «neurogastronomía», «gastrofísica», son algunas de las blasfemias que mutan salmos de la nueva religión de la gastronomía científica. De la mano de la ciencia, se asoman por la cocina los porqués y a través de ellos una actitud menos intuitiva o empírica, en una palabra, más sistemática y reflexiva. La gastronomía transita, casi sin solución de continuidad, de una actitud defensiva frente a la entropía que se cierne sobre ella a convocarla sin complejos a su mesa. Asistimos al surgimiento de una gastronomía curiosa e inquieta a la que se le llena la boca enunciando todas las disciplinas con las que colabora: arte, historia, neurociencia, biología, física, lingüística, química, comunicación, antropología, etc. El restaurante se asemeja más a un campus universitario que a un lugar que dispensa comidas. Puede resultar ilustrativo de esta nueva era lo que me dijo en cierta ocasión un amigo cocinero sobre el lugar en el que trabajaba: no es un restaurante con I+D, sino un I+D con restaurante.

La segunda ampliación del campo de batalla —lo digo en sentido más metafórico que cruento— apunta a un movimiento que podríamos denominar como la «socialización» de la gastronomía. La gastronomía, con la ayuda de esas otras ciencias, las sociales y humanas, que se denominan «blandas», saca el periscopio y cae en la cuenta de que opera en un contexto social, con todas sus consecuencias y complejidades. Entendida desde su complejidad, la dimensión socioantropológica de la gastronomía queda así liberada del sesgo reduccionista en el que estaba atrapada anteriormente, a saber, la comensalidad, entendida como concepción conciliadora o comunitaria del comer, y el hedonismo como ese paisaje de disfrute que habitan los gourmets.

Si algo ha puesto en evidencia la enorme visibilidad de la gastronomía en los últimos tiempos es que su responsabilidad para con la sociedad deriva no solamente del hecho éticamente indiscutible de que tiene que atender a quien necesita imperiosamente comer. También deriva de que la gastronomía, a diferencia de muchas disciplinas científicas, si no de la mayoría, está situada en el lugar crítico donde se cruzan naturaleza y cultura. Aquí es donde las ciencias duras, portavoces de la naturaleza, y las ciencias blandas, portavoces de la sociedad y la cultura, tienen que sincronizar los relojes y consensuar un mapa antes de irrumpir con el debido respeto en la cacharrería de la gastronomía, habida cuenta de que en semejante ámbito naturaleza y cultura se interpenetran como en ningún otro. Asumir esta especificidad del hecho gastronómico es crucial en tiempos del Antropoceno, la era geológica en la que la mano humana es la principal fuerza transformadora del entorno que habitamos. Una gastronomía que asume su propia complejidad es, pues, una gastronomía autoconsciente de su verdadera capacidad transformadora.

Llamaremos gastrología a esta propuesta que se apoya más en la movilización del conocimiento que en el sometimiento a la norma. Más allá de la reduccionista visión «humanista» o antropocéntrica del cambio social, desde una perspectiva gastrológica, partimos del axioma de que nos construimos a nosotros mismos y construimos el mundo mientras lo cocinamos y nos lo comemos. Esta es la dimensión *cosmopolítica* de la gastronomía: su capacidad de *componer* el mundo.

Ahora bien, en la propuesta gastrológica, las cosas del comer no se dirimen, como en la parábola del elefante, en una superficie plana que cabe repartir de manera ecuánime entre disciplinas científicas, como si de las piezas de un puzle se tratara (para ti la cola, para ti la pata; para ti las orejas, etc.). La complejidad de la gastrología radica en que estamos observando un mismo fenómeno no desde puntos de vista distintos, sino desde escalas diferentes, que son todo menos complementarias. Cuando comemos y cocinamos, lo hacemos simultáneamente en múltiples escalas (a escala microscópica, a escala humana, a escala sistémica, a escala algorítmica, a escala social, a escala sensorial, a escala climática…). La gastronomía no es, pues, un universo, sino un *pluriverso*. Entendidas como escalas, las partes del elefante son más grandes que el todo: las disciplinas científicas *desbordan* el objeto de la gastronomía porque se acercan a muchos otros objetos que también son de su incumbencia. Y más pequeña que sus partes: cada disciplina está lejos de *abordar* en toda su complejidad el objeto de la gastronomía. En suma, las disciplinas que concurren en el estudio de la gastronomía tienen a su alcance un estrato del fenómeno y es ahí donde trabaja. Que no alcance a observarlas no significa que no estén sucediendo cosas en esas otras escalas en las que no puede (ni quiere) indagar.

La gastrología no operaría como otras disciplinas científicas, que tienen por costumbre apropiarse de un objeto adaptándolo a sus estándares epistemológicos. Para la gastrología, la gastronomía es, en expresión de la socióloga Susan Leight Star,[20] un objeto-frontera, un objeto que es a la vez plástico y robusto. Plástico porque hace posible que confluyan en él las miradas de distintas disciplinas científicas y escalas de observación, pero al mismo tiempo robusto porque mantiene una identidad más allá de aquellas, impidiendo que cualquiera de ellas se lo apropie, lo que desactivaría la prometedora complejidad del hecho gastronómico.

La pandemia de la COVID-19 ha puesto delante de nuestras narices el problema de las escalas. Escalas que han puesto patas arriba ese criterio de ordenación de la realidad (también de la gastronomía) que partía de una separación radical entre un mundo en el que habita lo pequeño y otro en el que habita lo grande. Lo experimentado en la pandemia fue cuando menos contraintuitivo: la propagación a escala infinitesimal de un virus desencadenó consecuencias a

---

[20] Star, S. L. y Griesemer J. R. (1989). «Institutional Ecology, "Translations" and Boundary Objects: Amateurs and Professionals in Berkeley's Museum of VertebrateZoology», *Social Studies of Science*, 19(3).

nivel planetario, desde el ámbito de las finanzas globales al de la emergencia climática. Y, a la inversa, procesos globales como la deforestación tuvieron una consecuencia directa en la activación de un virus de origen animal (zoonosis) como consecuencia de la irrupción de la acción humana en ecosistemas que hasta entonces permanecían salvajes. Como ha mostrado Andreas Malm,[21] la COVID-19 habitaba simultáneamente en dos escalas, «en el murciélago y en el capitalismo». La pregunta es si, abandonado el territorio seguro del restaurante, la gastrología está a la altura de esta desafiante topología transescalar.

La gastrología, más allá de decretar qué derroteros debería seguir la gastronomía, está obligada a ser una ciencia de las zonas críticas:

> El término «zona crítica» es utilizado […] para designar el entorno superficial y cercano a la superficie de la Tierra. Es una capa en constante evolución, de unos pocos kilómetros de espesor, donde interactúan los organismos vivos, pero también el suelo, las rocas, el agua y el aire, y es donde las formas de vida han creado condiciones favorables, hasta ahora, para la continuidad de su existencia. La «zona crítica» también subraya la fragilidad de esta delgada capa y las numerosas controversias provocadas por las nuevas actitudes políticas necesarias para hacer frente al Nuevo Régimen Climático.[22]

¿Cuál es, pues, el lugar de la gastrología en este medio campo de las zonas críticas? Si aplicáramos una suerte de método

[21] Malm, A. (2020). *El murciélago y el capital: coronavirus, cambio climático y guerra social.* Errata Naturae: Madrid.
[22] Guinard, M., Korintenberg, B. y Mille, D. (2020). «Critical Zones' reimagines humanity's relationship with the earth», *StirWorld Architecture, design and art magazine.* August.

paranoico, podríamos afirmar que la gastrología está en disposición de aspirar a hacerse presente, al menos potencialmente, en cualquiera de estos estratos.

Hay una memorable secuencia en *Francisco, juglar de Dios*, filme que el director italiano Roberto Rossellini dedicó en 1958 a Francisco de Asís. En ella, una vez culminado su proceso de formación, Francisco ordena a sus seguidores que se separen y sigan cada uno su propio camino evangelizador. Estos, desconcertados por la propuesta, no saben hacia dónde tirar. Francisco les aconseja que comiencen a dar vueltas sobre sí mismos y que cuando, perdido el equilibrio, caigan al suelo, sea su propio cuerpo el que les indique hacia dónde dirigir sus pasos. Esto es pensamiento circular en estado puro.

Evidentemente, este sentido errático de la existencia sería inconcebible sin la asunción previa de la copiosa abundancia de las cosas, la idea de que todo lugar, cualquiera que sea este, deparará parabienes. El corolario es que, si consideramos que todo, todas las escalas, forman parte del hecho gastrológico, el mundo, en toda su extensión, está aún por evangelizar. La gastrología podría incidir en cualquier parte a poco que nos pongamos a observar, más allá del plato, las múltiples escalas o zonas críticas hacia las que se despliegan las cosas del comer.

De manera tentativa, podríamos diferenciar al menos cuatro escalas gastrológicas.

- La escala nanogastrológica de la alimentación. El microbioma emerge aquí, junto con la dimensión desconocida de la composición físico-química de los alimentos, como una prometedora zona crítica. Los científicos empiezan a hablar de la materia oscura de la alimentación, esto es, de las estructuras bioquímicas de los alimentos. En encuentro entre estas dos superficies, las paredes del intestino y los alimentos que ingerimos abren un mundo de incógnitas y potencialidades, desde la nanomedicina, que está obrando ya sus primeros prodigios, a la nanogenómica, pasando por una virtual nanococina de precisión.

- La escala microgastrológica es aquella en la que se desempeñan, de un lado, la investigación científica más al uso y, de otro, gran parte de las innovaciones técnicas implementadas en el sector de la restauración (gastronomía molecular) y en la industria alimentaria. El ejemplo más conocido quizás sea la *note by note cuisine* de Herve This, pionero de la cocina molecular, que cocina directamente con componente químicos. Pero en esta escala también se integran fenómenos como, por ejemplo, la composición geológica del suelo en el que cultivamos nuestros alimentos (*soil studies*). Como dice Michael Pollan, para ver la relevancia de esta zona crítica no hay más que imaginar la tierra como el recipiente sobre el que comemos y cocinamos todos los días, una suerte de mundo-plato.

- La escala meso, en la que se desenvuelve el imaginario social establecido de la gastronomía, su definición como «hecho social» cotidiano o de «sentido común». En esta escala habitan los txikiteros de mi barrio, Jose Carlos Capel, el pudin de cabarroca de Juan Mari Arzak, el último selfie que ha hecho Quique Dacosta con los triestrellados, el plano secuencia de Hierve (Philip Barantini 2021), las camas calientes de los *stagiers*, etc. Este es el ámbito que podríamos definir como la zona de confort epistemológico de las ciencias sociales (la sociología, la antropología, la ciencia política, la economía, etc.), el límite que un científico social ha de transgredir si quiere ver más allá de sus certezas y escalas.

- Por último, la escala macrogastrológica, que atiende a las consecuencias sistémicas que se derivan del modo en que comemos y cocinamos. Aquí alcanza una especial relevancia la zona crítica del llamado «nuevo régimen climático»,[23] la deforestación, la resistencia a los antibióticos, la ubicuidad de los OGM, la epidemia de la obesidad, el hambre, la desertificación, etc.

No se trata, sin embargo, de hacer una enumeración de las zonas críticas y repartirlas entre circunscripciones científicas. Se trata más bien de observar cómo se asocian las distintas disciplinas que concurren en el estudio del hecho gastronómico; cómo se entretejen en una suerte de red de zonas críticas que va de lo más grande a lo más pequeño en un juego de muñecas rusas.

Lo pequeño (las bacterias) sostiene lo grande (la atmósfera), mientras que lo grande también reside dentro de lo pequeño. Su descubrimiento hizo imposible conservar los modelos de muñecas rusas que antes nos permitían subir y bajar en la escala [...] Lo que es una parte y lo que es un todo está en duda en todas partes: las células, las sociedades, también los climas. Esta nueva métrica transforma lo que significa tener una identidad, pertenecer a un lugar, compartir competencias con otros seres.[24]

---

[23] Latour, B. (2019). *Dónde aterrizar. Cómo orientarse en política*. Taurus: Madrid.
[24] Latour, B. y Weibel, P. (eds.) (2020). *Critical Zones. The Science and Politics of Landing on Earth*, p. 12. MIT Press, Cambridge (Mass.).

Pero ¿cómo armar un relato, cómo diseñar el *storytelling* para que toda esta complejidad sea traducible a o asimilable por el sentido común? En el capítulo segundo sosteníamos que el refranero es el ADN de la memoria y la praxis colectivas. Pues bien, propongo un ejercicio nemotécnico diseñado a base de refranes que pondrían al alcance de un público generalista la propuesta gastrológica:

- En el terreno tranquilo (escala meso) de la cultura gastronómica, que se transmite de generación en generación, ya hemos asumido mayoritariamente el principio de que *somos cómo y con quién comemos*.

- No es menos cierto que la relativa popularización de las ciencias de la alimentación, la nutrición y la dietética han propiciado también la socialización de un segundo principio: *somos lo que comemos*. Hay una sensibilización creciente de la importancia que tienen los alimentos que ingerimos para nuestro bienestar físico (escala micro).

Ahora bien, en la actualidad, nos encontramos ante una encrucijada existencial que exige desbordar las fronteras del plato en cuyos márgenes se movía hasta ahora nuestro sentido común. Desbordarlo para alcanzar una escala que solo conocen los científicos que observaban esas zonas críticas. Si queremos pasar de la tranquilizadora *communitas* de la gastronomía a la más desasosegante *immunitas* de la gastrología, hemos de aventurarnos a que nuestro sentido común se abra con naturalidad a las escalas nano y macro.

- Más acá de las paredes de nuestro intestino, *somos lo que nuestras bacterias hacen con lo que comemos* (somos los que come nuestra microbiota). Este es el nivel de lo nano, probablemente el más difícil de alcanzar, pues hasta la fecha está solo al alcance de la ciencia y sus dispositivos de visualización. Lo que comemos/cocinamos es un factor biopolítico: perfila nuestra fisiología, nuestro estado de ánimo, nuestro entendimiento y, por extensión, nuestra forma de vida.

- Más allá de las paredes de nuestro hogar, somos *lo que come lo que comemos*. Esta escala también es difícil de asimilar desde el sentido común, habida cuenta de que opera en el nivel sistémico. Es decir, somos producto de la calidad del suelo en el que crece el pasto que come la vaca cuya chuleta vamos a degustar. Aquello que comemos es un factor cosmopolítico: cocina el mundo.

BOSQUEJO PARA UNA CRÍTICA DE(L) FUTURO

Escribir sobre crítica gastronómica es un deporte de alto riesgo porque quien ose practicarlo ha de vérselas con al menos dos paradojas. Primera paradoja: ¿Quién critica al crítico? Hablar de la crítica es, inevitablemente, ir de listillo, hacer metacrítica, quedando a la espera de que el próximo listillo de la fila —quizás tú mismo, lector— haga crítica de la metacrítica. Para romper esta cadena de recursividad infinita que nos llevaría al absurdo y haría que el objeto de la crítica, en nuestro caso la gastronomía, se fuera diluyendo progresivamente en favor del ego de quien la ejerce, defenderemos, con el crítico de cine Javier Ocaña, que «aunque la labor del crítico no sea en modo alguno criticar a otros críticos, quizá sí lo sea analizar las dinámicas sociales y políticas de reflexión cultural, artística y periodística».[25] Es lo que trataremos de hacer aquí. No aspirar a ser los más listos de la clase, sino a indagar en las condiciones de posibilidad de la crítica en el contexto actual de manera que podamos dilucidar si está a la altura de la realidad en la que quiere influir o intervenir. Porque, si no quiere resultar inocua, como a toda crítica, también a la gastronómica le conviene estar en sintonía con el mundo que habita.

Para hablar de este peliagudo asunto, voy a proceder como mis alumnos cuando se disponen a redactar un ensayo: tiraré de diccionario. La RAE distingue al menos dos acepciones del adjetivo «crítico». Crítico significa «analítico» y «evaluativo». «Hasta ahí todo bien», diría el sentido

---

[25] Ocaña, J. «Misántropo: el director de 'Relatos salvajes' vuelve con un buen policiaco», *El País*, 2-2-2024.

común. Pero crítico significa también «perteneciente o relativo a la crisis». Si cruzamos estos dos significados surge una interesante pregunta que constituye la segunda de las paradojas que tendremos que enfrentar: ¿Es posible evaluar algo, si no con objetividad, sí al menos con un mínimo de rigor, en un tiempo en que toda vara de medir sufre el azote del viento del cambio? ¿No sería esto como tratar de imponer la quietud del juicio en un período de profunda inquietud y agitación? Llevada a la gastronomía, la dificultad se duplica. ¿Tiene sentido seguir hablando de crítica en una sociedad en la que la proliferación de voces —no olvidemos que la gastronomía está hasta en la sopa, en boca de todos— pone en entredicho la posibilidad (y la oportunidad) de cierta manera de entender y practicar la crítica desde la idea de *auctoritas*, esa noción que reconoce a una serie de ciudadanos legitimidad para juzgar por lo que saben?

Una manera de abordar la crisis de la crítica (que corresponde a las sociedades normativas y jerárquicas de antaño, en las que unos pocos dictan y la mayoría obedece) es la de coger el toro por los cuernos y preguntarnos cómo se ejerce hoy día. Pues bien, partiremos, en este sentido, de la hipótesis de que en la actualidad conviven tres maneras de hacer crítica: la crítica como *prescripción*, la crítica como *transcripción* y la crítica como una *descripción* inédita que da pie a nuevas interpretaciones de la gastronomía. En la primera, la voz cantante la lleva quien la ejerce, el crítico; en la segunda, paradójicamente, su objeto, aquel/aquello que es criticado; y, en la tercera, el destinatario de la crítica, el público.

Voy a valerme de una analogía con la pintura para ilustrar lo que trato de argumentar. Uno de los cuadros más *críticos* de la historia de la pintura es *Las meninas* de Velázquez. Y lo es por partida doble: primero, porque como toda representación de la realidad es un diagnóstico de época; y, segundo, porque marca un antes y un después en relación a lo que significa representar la realidad, sea en un lienzo o en cualquier otro soporte. Esto convierte a *Las meninas* en un tratado de epistemología, es decir, en un estudio sobre qué es observar/conocer, quién el que observa/conoce y qué lo observado/conocido.

La definición *wiki* nos da la siguiente *información* sobre el cuadro:

> *Las meninas* (como se conoce a esta obra desde el siglo XIX) o *La familia de Felipe IV* (según se describe en el inventario de 1734) se considera la obra maestra del pintor del Siglo de Oro español Diego Velázquez. Acabado en 1656, según Antonio Palomino, fecha unánimemente aceptada por la crítica, corresponde al último periodo estilístico del artista, el de plena madurez. Es una pintura realizada al óleo sobre un lienzo de grandes dimensiones, donde las figuras situadas en primer plano se representan a tamaño natural. [26]

Tras esta parte informativa, la Wikipedia añade una intrigante coletilla: «Es una de las obras pictóricas más analizadas y comentadas en el mundo del arte». Estamos ante una pintura cuando menos peculiar porque, más allá de su primorosa ejecución técnica, no pone nada fácil responder a las preguntas sobre el sujeto y el objeto del cuadro: *¿Quién* pinta *Las meninas*? y *¿Qué* pinta *Las meninas*? El truco está en que la respuesta a estas preguntas dependerá de quién mantenga la «mirada» que explica el cuadro. Dependiendo de esa mirada, el cuadro significará cosas bien distintas.

Si, como parecería lógico, situamos al pintor como el que posee esa mirada, podemos afirmar sin miedo a errar que, efectivamente, como demuestra la historia del arte y certifica la Wikipedia, es Diego Velázquez quien pinta un cuadro en

---

[26] Wikipedia. Consultado el 4-2-2024.

el que, por cierto, se pinta a sí mismo pintando. Estaríamos ante el primer *selfie* (de grupo) de la historia.

Si la mirada que explica el cuadro es una mirada política, la del rey y la reina, que, como es sabido, aparecen reflejados en un espejo al fondo, *Las meninas* no deja de ser un tributo (más) a la monarquía absoluta, pero esta vez en ausencia de los homenajeados, lo que a buen seguro redobla su efecto legitimador.

Sin embargo, si situamos la mirada en esos espectadores que ven diariamente el cuadro en el Museo del Prado, nos encontramos ante una broma republicana: cualquiera puede ocupar el lugar del rey. Así, si penetráramos virtualmente en el cuadro, observaríamos que somos nosotros quienes aparecemos retratados por Velázquez en ese lienzo que nos da la espalda. Conclusión: Velázquez, cual artista conceptual adelantado a su tiempo, pinta el aire. Mejor, pinta la pintura.

Recapitulemos. Pongamos que *Las meninas* de Velázquez es una alegoría de la crítica gastronómica. Cuando quien lleva la voz cantante es el crítico, como el Velázquez que sostiene el pincel frente al lienzo, la crítica gastronómica es prescripción. Si quien se sitúa en la posición principal es el restaurante o chef de turno, como lo hicieron los monarcas cuando se pintó el cuadro, la crítica gastronómica será una transcripción. Y si el protagonista, quien se sitúa en (el) lugar del pintor y los reyes, es la mirada del público, la crítica gastronómica es una descripción.

La crítica como prescripción: siempre hablan los mismos

Pongamos que un crítico dice:

«Hay chefs de tres estrellas a los que he puntuado con

un 6. No por ser grandísimas figuras les doy puntuaciones altísimas».

Esta contundente crítica es relevante no solo por lo que dice, sino por lo que tiene de síntoma de determinada manera de enfrentar la crítica que, por sorprendente que parezca, sigue vigente hoy día. Y digo que sorprende porque una crítica formulada en estos términos es una crítica propia de una sociedad normativa. De una sociedad en la que la *auctoritas* no está socialmente distribuida, sino que se concentra en manos de unos pocos, que poseen un gran poder e influencia. En una sociedad así, siempre hablan los mismos, los investidos de autoridad, los que con un mero gesto de aprobación pueden elevar a ciertos chefs a la condición de «grandísimas figuras» o pueden comenzar a minar esa misma condición cuando otorgan una mala calificación.

En este tipo de crítica gastronómica prescriptiva, que es más propia de medios escritos —en los medios audiovisuales y sobre todo en las redes sociales, el prestigio tiene otros resortes y las puntuaciones se diluyen en un mar de datos, imágenes e información—, el prestigio del crítico y la puntuación que otorga son la clave de bóveda de un juicio que no precisa de más matices. La crítica, más allá de cualquier otra disquisición o argumento, se reduce, como si se tratara de un boletín, a un número, a una nota, lo que habla de su enorme eficacia y capacidad de penetración en el público, especialmente en el público avisado. Diríase que, como ocurre en el alpinismo, la nota hace las veces del coeficiente de dificultad al que se va a enfrentar el comensal, así sea su causa lo intrincado de la propuesta gastronómica o el importe de la cuenta: «Hoy voy a comer a un 9,25; ya te contaré».

En las sociedades normativas, los boletines de notas no precisan de comentarios en los márgenes: lo dice el profe y ya. Cuantas menos justificaciones sean menester, más carisma ostenta el crítico. Y, a la inversa, cuanta más autoridad, menos argumentos se precisan. Podríamos llamar efecto-boyero[27] al último estertor de esta manera de ejercer la profesión de crítico. El carisma del crítico-autor, equiparable al del artista-genio, le ahorra al crítico el expediente de tener que justificar lo que «analiza y evalúa»: apenas informa sobre el producto cultural que critica, más bien se centra en cómo le ha hecho sentir, las sensaciones que ha despertado en él. Ya ha argumentado lo suficiente en su larga trayectoria: se ha ganado vivir de rentas.

Por otra parte, la calificación que otorga el crítico va protocolariamente destinada a restaurantes o proyectos gastronómicos, pero en realidad interpela a los chefs que los lideran, pues se sigue manteniendo la ficción de que es el chef no solo el que representa al restaurante, sino el que concibe, y muchas veces ejecuta, la propuesta gastronómica. La cocina de autor convoca una crítica también de autor. Chef y crítico se reconcilian en su genialidad compartida o, si las cosas se tuercen, terminan siendo el uno la némesis del otro. Lucha de gigantes.

Ahora bien, la crítica repercute también en el público, que se guiará por la puntuación para elegir el lugar al que quiere ir a cenar y poder así esgrimir el «yo estuve allí» típico del estilo de vida que se está tejiendo en torno a Instagram, esa colección de platos que se enfrían mientras son posteados. Transitamos así del *storytelling*, la necesidad, como dice Ruth Reichl, de activar el sexto sabor de contar historias, a esa otra suerte de *storyselling* que dicta que solo lo que se cuenta existe. La crítica como prescripción sostiene, agita y legitima el mercado del estatus y la

---

[27] En referencia al polémico crítico de cine Carlos Boyero. Cf. *El crítico* (Juan Zavala y Javier Morales Pérez, 2022).

distinción social, ficciones necesarias por las cuales creemos que somos nosotros, en ejercicio de nuestro libre albedrío, quienes elegimos el restaurante, cuando, en realidad, ocurre a la inversa: somos, crítico mediante, elegidos por el restaurante.

Por último, a causa de su propia naturaleza, la crítica prescriptiva se ejerce sobre platos, chefs y restaurantes, pues son estas las «unidades evaluables». Sin embargo, precisamente ahí está la horma del zapato de esta modalidad de crítica. Las redes sociales ya no pertenecen al orden de la *auctoritas*, sino al de la seducción. Hasta los críticos más tradicionales han tenido que ponerse las pilas para tratar de seguir siendo escuchados en ese mar de voces que es la red. Sin ir más lejos, José Carlos Capel, el más conspicuo entre los críticos españoles, ha tenido que transitar de los boletines de notas de la extinta edición en papel del suplemento *El Viajero* de *El País*, en los que puntuaba, al final del texto, la calidad del pan, el café, la cocina, el servicio de sala, los vinos, el estado de los baños, etc., a un formato de *gastronotas* en las que trufa sus habituales comentarios de crítico clásico con pequeños testimonios *a lo boyero* sobre sus estados de ánimo y la atmósfera de los lugares que visita. Si la gastronomía es una experiencia, la crítica se parecerá cada vez más a la crónica de una expedición o un viaje. Este es un claro síntoma de que las cosas están cambiando: atmósferas y experiencias enturbian toda tentativa de puntuar. Las redes ya no soportan críticas o juicios tan sintéticos. *Prescribir* es hacer un brindis al sol en un entorno fluido, como el digital, cada vez más renuente no solo a sentar cátedra… sino a escribir.

Crítica como transcripción. Siempre se habla de los mismos

Hay, en el reverso de la crítica de autor, un periodismo gastronómico dócil que, haciendo como que ejerce la crítica o la información, se ciñe a *transcribir* (o traducir) para el público las propuestas gastronómicas de los grandes chefs, como si hubiesen contratado al crítico como creador de contenidos. En estos casos, se traduce la filosofía del chef o la propuesta gastronómica del restaurante a un lenguaje que pocos cocineros sabrían movilizar. Estamos ante un ejercicio de ventriloquía en el que el chef pone la mano (qué se dice) y el crítico el muñeco (cómo se dice).

François Monti se pregunta en su excelente artículo «El periodismo imposible»: «¿Alguna vez habéis visto un periodista gastronómico salirse del relato marcado por el entrevistado?»,[28] llegando a la conclusión de que, en primer lugar, la sección de gastronomía de un periódico no trata de «hechos gastronómicos», sino que es esencialmente «una sección publicitaria centrada en el estilo de vida y/o el lujo» y, en segundo lugar, que los periodistas gastronómicos son meros «difusores de relatos». Parece que están operando aquí dos teoremas de los que ya hemos dado cuenta en estas páginas.

- El teorema del *oooooh*. Cuando el chef, investido como está de autoridad, dice cualquier obviedad, el periodista muestra asombro o admiración por miedo a disentir, a romper la espiral del silencio y proclamar que el emperador está desnudo.

---

[28] Monti, F. (2023). «El periodismo imposible» en Casanova, M. y Aguirre, L. (eds.) *Escribir gastronomía. La mejor escritura gastronómica de 2022 en español.* Col&Col Ediciones: Málaga.

- El teorema del *mmmmm*, esa mueca de placer que es producto de un pensamiento hegemónico que neutraliza todo juicio crítico y entiende la gastronomía como un consenso soleado en el que todo ha de estar rico… antes incluso de probarlo.

Se configura así un círculo autorreferencial de gastrónomos, periodistas, críticos, grupos de comunicación, chefs, restaurantes, grupos empresariales e instituciones públicas que es muy difícil de romper y que solo se puede explicar acudiendo al «efecto Mateo»: al que tiene se le dará. El corolario de este estado de cosas es que siempre hablan los mismos y siempre se habla de los mismos. No sorprende, pues, que instancias críticas con el periodismo del compadreo estén proponiendo últimamente medidas para que la cosa no se salga de quicio. La declaración ética elaborada recientemente por un colectivo de periodistas gastronómicos abunda en este sentido:

> Tanto en medios como en nuevos formatos, se expondrá con total claridad qué es contenido pagado, tanto en dinero como en especie, a fin de facilitar que el lector identifique en todo momento lo que es información y lo que es publicidad, única forma de garantizar la independencia y la ética periodística. [29]

Crítica como descripción. Hacia un periodismo gastrológico

Como advertía el filósofo marxista Antonio Gramsci, para descomponer la visión hegemónica de las cosas hay que

---

[29] Declaración ética del Segundo Congreso de Periodismo Gastronómico, Menorca 2022.

incidir en el sentido común. En gastronomía, desprogramar el sentido común pasa por rendirse a estas tres preguntas:

- ¿Cómo podemos pensar que un plato lo cocina el chef, casi siempre hombre, casi siempre hombre blanco, casi siempre hombre blanco que se cree genio?[30] Un plato es un trabajo coral. Una jugada en la que no hay remate sin que antes otros se pasen el balón.

- ¿Cómo podemos pensar que un chef es el restaurante? Reconozcámoslo de una vez: los restaurantes son sistemas expertos. Inteligencias colectivas.

- ¿Cómo podemos pensar que la gastronomía concluye en el umbral de la puerta del restaurante? Decir que la gastronomía cesa en la puerta del restaurante es como afirmar que un católico deja de creer cuando se cierra la iglesia.

La crítica gastronómica se empecina en mantener viva la cadena de realidades zombie plato-chef-restaurante por el hecho de que así es más fácil analizar y evaluar *cierta* gastronomía. Ahora bien, si tan importante es el concepto —Ferrán Adrià *dixit*—, dejemos de quejarnos como hace el estudiante necio cuando dice que él solo sabe resolver problemas matemáticos cuando vienen formulados con manzanas y peras. La gastronomía es una ecuación en la que la X no es ocupada solamente por esa retahíla de obviedades.

Entre la crítica gastronómica que prescribe y el periodismo gastronómico que transcribe, podríamos situar lo que llamaremos «periodismo gastronómico crítico», bien

[30] Rao, T. «Twilight of the Imperial Chef», *New York Times*, 5-8-2020.

entendido que con crítica no nos referimos a emitir un juicio sobre platos, chef y restaurantes, sino, más bien, a dar voz a esas otras «zonas críticas» en las que siempre se ha movido la gastronomía, que son muchas y de muy diversa índole. Si ya no convence una crítica basada en el principio de autoridad ni un periodismo gastronómico varado en la gratuidad de la adulación, solo cabe imaginar como alternativa un periodismo que describe —que no es poco, de hecho, es lo más difícil— la gastronomía como un sistema complejo en el que se cruzan vectores sociales, culturales, científicos, económicos, éticos, políticos, medioambientales, etc. Revis(it)ar la pandemia, ese período en que todo se descompuso, podría ser una prueba de esfuerzo a la que someter a un periodismo que aspire por igual a ser «gastronómico» y «crítico».

Comencemos por el componente «gastronómico». La pandemia fue un *tiempo sin restaurantes* que hizo que la crítica gastronómica perdiera suelo.[31] No lo decimos como lamento, como añoranza de lo perdido, sino como celebración de que la ausencia de lo que antes estaba en primer plano obligara a que dirigiéramos la mirada hacia los márgenes, hacia esa gastronomía que *sotto voce* penetraba poco a poco en hogares que no habían tenido hasta entonces noticia de ella, y hacia lo que acontecía en la intemperie, donde las cosas se cocinaban en lugares fantasmas. Vista así, como epifanía gastronómica (mejor, gastrológica), la pandemia fue la constatación de que plato, chef y restaurante no son más que algunas de las terminales de esa red hiperconectada que es la gastronomía.

Pasemos ahora al componente «crítico». La dificultad del empeño por ampliar el campo de batalla de la gastronomía es que tiene que competir y compartir espacio con

---

[31] Medina, I. «Malos tiempos para la crítica», *El País*, 3-7-2020.

la «gula nihilista» [32] del hedonismo gastronómico. François Monti vuelve a dar en el clavo cuando dice en referencia a la prevalencia del placer y el hedonismo en las secciones de gastronomía de los medios:

> El lector preocupado por la explotación de los temporeros no es el lector de la sección gastronómica, es un lector interesado en la inmigración, los derechos sociales y la explotación en general. El lector preocupado por el impacto medioambiental de la hostelería no es el lector de la sección gastronómica, es el lector interesado en el clima y el medio ambiente. A veces, coincide que este lector tenga también interés en el hecho gastronómico. La mayoría de las veces no es así. Por eso, cuando leo (o cuando lo digo yo) que el periodismo gastronómico debería ser esto o que los periodistas deberíamos escribir sobre aquello, lo que realmente se está diciendo es que se debería escribir para un lector que no existe.

El reto consiste, pues, en formar la demanda: ofrecer buenas descripciones de los márgenes, de lo que oculta la vigente definición interesadamente menguante de gastronomía. Ponernos en el lugar del lector, que es quien ha de mantener la mirada desde la que el cuadro de la gastronomía adquiere sentido. Como ocurre en la broma republicana de *Las meninas*, hacer una gastronomía crítica es poner las bases para que todos podamos estar en el lugar del crítico. Parafraseando la sentencia de Joseph Beuys, que proclamó que «todo ser humano es un artista», quizá deberíamos proclamar también nosotros que sobre la base de una gastronómica veraz e informada todo el mundo es (potencialmente) un crítico.

---

[32] Carmen Alcaraz citada en P. Salas «El poder de escribir sobre comer», en *7 caníbales*, 12-7-2023.

Hay una nueva generación de periodistas gastronómicos, a los que se les conoce como «jóvenes bárbaros»,[33] que llevan años movilizando esa sensibilidad por aspectos que la crítica gastronómica al uso considera marginales o menores, cuando no las ignora directamente. Centran su esfuerzo en dar a conocer las otras latitudes de una gastronomía considerada como hecho social total: las condiciones laborales, la discriminación por razón de género, los modelos de negocio sostenibles, la vida oculta de los que en una feliz expresión María Nicolau llama «profesionales centrifugados», desde quienes producen a quienes cuidan, etc. Y para eso no basta con saber poner notas ni transcribir a un lenguaje bonito lo que otros digan. Es necesario (saber) describir para proyectar hacia el público posibles nuevas interpretaciones del hecho gastronómico.

La pregunta por si estas otras cuestiones gastronómicas, que se suelen denominar temas «transversales» o «sociales», interesan al lector está mal formulada. Hay que resignificar la noción de interés. No es que haya que lograr que el lector de gastronomía se interese por un determinado tema insertándolo en la sección gastro, porque, como dice Monti, si está interesado en ellos ya tiene secciones a las que acudir. Esta batalla está perdida. Hay que interesar al lector en un sentido más comprehensivo, no solo atraerlo a otros temas, sino a un nuevo enfoque de la gastronomía, a un nuevo marco interpretativo. Y eso se consigue huyendo de la opinión no fundamentada, elaborando descripciones lo más precisas posibles y adoptando la estrategia «entrista» de colar la gastronomía en el resto de las secciones.

---

[33] Molins, A. «Los jóvenes bárbaros. Tres retos para una nueva generación de autoras y autores gastronómicos para que, de una vez por todas, se coman el mundo» en https://gastronomoangustiado.substack.com/p/los-jovenes-barbaros, consultado el 2-2-2024.

En suma, hay que desprogramar al lector, pero para ello necesitamos desarmar previamente la gastronomía *as we know it*. Alguna vez estos temas transversales se han agrupado bajo el paraguas de una supuesta «revolución humana» de la gastronomía. [34] Craso error. Fue precisamente la deriva antropocéntrica, por no llamarla «humanista», de la gastronomía la que condujo a los relatos de grandes hazañas realizadas por grandes nombres (con h de hombres) de los que tratamos ahora de huir. Hacer una crítica de lo menor, de lo que está en penumbra, no es hacer una crítica menor. Hay que mantenerse pequeño por el bien mayor de colarse por las rendijas de las secciones que sí se leen. No es otra la tarea del periodista gastronómico crítico, *del periodista gastrológico*, quien, desde su condición de testigo modesto, interpreta la gastronomía de otro modo cuando en sus crónicas describe las expediciones que emprende por entre las zonas críticas: desde el intestino al planeta. Y vuelta a empezar.

---

[34] https://thefoodiestudies.com/la-revolucion-humana-la-que-falta-por-llegar-a-la-gastronomia-en-el-proximo-congreso-de-the-foodie-studies/

UN 15M PARA LA GASTRONOMÍA. OTRA GASTRONOMÍA ES POSIBLE

Comos lo que somemos
Refrán idiota

Con el fin de imaginar una gastronomía que se expanda más allá del universo trillado del plato, partíamos, al comienzo de nuestro recorrido, de la distinción, tan maniquea como necesaria, entre cocineros de platos y cocineros de mundos. Tal y como se ha desarrollado hasta nuestros días la gastronomía, es evidente que son los primeros quienes han acaparado toda la atención. Mientras tanto, los segundos fermentan el mundo *sotto voce*. Ha llegado el momento de dar voz al hasta ahora desterrado universo de lo soterrado.

Hay una *fenomenología* de la gastronomía, una manera de contar el fenómeno, que se centra en las estrellas y se mide en cotas de notoriedad, poder e influencia. Esta gastronomía estrellada produce el efecto, deseado o no, de opacar la constelación, ese murmullo que vibra a la sombra de los focos. Ocurre lo que en el chiste: se busca la llave de la gastronomía del futuro en la zona iluminada, a sabiendas de que no está allí, porque eso es preferible a enfangarse en la complejidad que acecha en la zona de penumbra.

Notoriedad *vs.* complejidad es una manera de sintetizar la controversia que atraviesa la gastronomía desde que esta abandonó, hace ya tiempo, la oscuridad de las cocinas mugrientas, para irrumpir sin complejos en las antípodas de los platós de televisión. Pero aparecer sin complejos no es lo mismo que asumir la complejidad. Ni acaparar la luz, lo mismo que iluminar. Notoriedad y complejidad son términos excluyentes, irreconciliables. No hay transacción posible entre ellos. A mayor notoriedad, menos lugar a lo complejo. A mayor complejidad, menos lugar a la notoriedad de unos pocos.

Este binomio se podría entender también como el destilado de una pugna entre dos modelos de sociedad. De un lado, una sociedad del espectáculo donde la gastronormatividad encuentra fácil acomodo, toda vez que son unos pocos los que ordenan y muchos los que obedecen; unos pocos los que hacen y una mayoría la que mira extasiada los trucos de prestidigitador de los primeros. De otro lado, una sociedad reflexiva, abierta al debate, en la que toda controversia —también las gastronómicas— está sometida al escrutinio del conocimiento. Al argumento más perspicaz, no a la norma. Ahora bien, para que el primer paradigma, el de los cocineros de platos, siga ostentando la hegemonía, ha sido necesario que se cumplieran determinadas condiciones.

Comenzábamos nuestro camino con un bodegón. Decíamos que el plato y las viandas que contiene el bodegón de la gastronomía es, como es natural, lo que importa. Esta es la primera condición. La norma no escrita de la gastronomía dice que todo ha de orbitar alrededor del plato. El plato es el mundo que habita el cocinero, límite cognitivo y marco de sentido común a la vez. Ahora bien, este enfoque *platocéntrico* escamotea, a base de forzar una mirada miope, la complejidad que en forma de entropía aflora hoy día. Y lo hace acotando un territorio seguro que no se puede rebasar: restaurante, chef, comida, comensal son los cuatro puntos cardinales de este universo. En consecuencia, la innovación que se promueve es de tipo incremental, no disruptivo, y, si asoma algo que huele a disruptivo, que remueva las bases de la gastronomía, se cuidará muy mucho de que lo sea dentro de los límites del plato y sus cuatro puntos cardinales. Quizás el caso más paradigmático sea elBulli, cuya innovación no solo se centró en el plato, sino que hizo de él el Santo Grial de la gastronomía, concretamente los 1846 platos que llegaron a elaborarse allí, cifra que ha dado nombre al museo (elBulli 1846) al que ha dado paso el cierre en 2011 del restaurante.

La segunda condición es complementaria de la anterior. No se refiere al objeto de la gastronomía, el plato, sino a su sujeto, el chef. En gastronomía, ha prevalecido la observación de la posición de la partícula (el cocinero) a la de la onda (la inteligencia colectiva que sería expresión de una gastronomía considerada como movimiento). La tesis fuerte es que esta opción ni siquiera es deliberada. O lo es solo indirectamente. La gastronomía solamente se ha podido contar hasta la fecha desde el sesgo de la partícula, toda vez que es más fácil identificar estrellas que indagar en el complejo entramado de la constelación.

Total parcial: gastronomía es el compendio de platos cocinados por grandes chefs.

Acotar el objeto y el sujeto de la gastronomía de manera tan taxativa tiene, además, sus ventajas, máxime cuando se diseñan determinados dispositivos de evaluación (listas, rankings, premios, homenajes, efemérides, impactos mediáticos, *likes*, etc.) que sintonizan la punta del iceberg de la gastronomía. Una vez identificados quienes ostentan el poder y la influencia, resulta más sencillo contar la gastronomía tirando de las hazañas de quienes colocan la última flor en el plato que han cocinado otros. Con esa vara de medir se hace relativamente sencillo identificar los rostros y los logros que conformarán el olimpo de los elegidos, una suerte de oligopolio con vocación de eternizarse, sometido, como está, al efecto Mateo: al que tiene se le dará.

Total final: no es el plato el que provoca que el flash de la cámara se dispare, sino el flash el que termina de cocinar el plato recalentándolo.

Estas dos coordenadas, el plato y el chef, constituyen el fundamento de lo que hemos llamado el *modo mayor* de la gastronomía. Así las cosas, a la contra de lo que dicta el refrán, en materia de gastronomía, el tonto no es el que mira al dedo que apunta a la luna, sino el que mira a la luna. Porque es el dedo, esa necesidad imperiosa de contar el proceso con una serie de rostros reconocibles que protagonizan hazañas admirables, lo que minimiza de manera considerable el potencial transformador (político) de la gastronomía. Otra cosa sucedería si, en vez de a cardar la fama, el foco se desplazara a apreciar, primero, la musculatura de una sociedad que delibera y debate en torno a cuestiones gastronómicas y a medir, después, la calidad de esas *comersaciones*.

Si queremos trascender la miopía de la notoriedad y estar a la altura de la complejidad de la constelación, parece necesario, pues, cambiar los cuentos de la gastronomía. Hacer pasar la gastronomía por la máxima del filósofo Baruch Spinoza de que las cosas no son lo que son, no son ontologías fijas. Las cosas son su relacionalidad. Dependen de aquello con lo que se relacionen. La gastronomía no es una esencia inalterable ni un tesoro que preservar, sino que dependerá, más bien, de los vínculos que teja. La pregunta no se hace esperar: ¿Estará la gastronomía, la autodenominada alta gastronomía, a la altura de la complejidad del mundo que tiene que cocinar?

Algo parecido a este cuestionamiento de los modos mayores sucedió en el Estado español en 2011 —fecha que, dicho sea de paso, coincide con el año del cierre de elBulli— en lo que se dio en llamar el 15M. Visto con el tiempo, más allá del estruendo que supuso el propio acontecimiento, el 15M fue un intento de descerrajar el modo mayor de la política al son de dos eslóganes: uno de vocación deconstructiva, «no nos representan», y otro más propositivo, «otra política es posible». El 15M puso en evidencia que la representación política, lo que representa políticamente a una sociedad, depende de cómo represente esa sociedad *la* política, de qué entienda por política. Dicho con otras palabras, el *storytelling* de la política determinará en gran medida su despliegue.

El 15M se enfrentó a la política-institución, a una política basada en la notoriedad, la influencia y el poder. A ella opuso otro modelo que con los años se ha mostrado, paradójicamente, ingobernable, difícil de institucionalizar o domesticar: una política-movimiento, una política de la (a) fluencia que, al contrario que la institucional, trabaja desde el principio *spinoziano* de la potencia y la relacionalidad. En este tránsito de la política de la institución al movimiento, el 15M trajo consigo la irrupción de un flujo heterogéneo, multiforme, en un ámbito ocupado hasta entonces por los que estaban bien *posicionados* en el sistema institucional. Los parlamentos se apagaron y se activaron las plazas. La política jerárquica dejó paso a una política en forma de rizoma: horizontal, distribuida, proteica, tan efímera como disruptiva. Un modo menor de lo político que se extendió por el tejido social como un micelio subterráneo solo visible para una mirada soterrada y una inteligencia distribuida.

Puede que, trece años después, el 15M sea un recuerdo en color sepia para nostálgicos. Máxime cuando la forma de lo político en que ha devenido, aquello que se dio en llamar «nueva política», perdió toda su potencia disruptiva para plegarse a la música del «quítate tú para ponerme yo». Nunca fue fácil hacer compatibles la creatividad y la institucionalidad. Pese a todo, el algoritmo político del 15M sigue vivo, aunque sea en estado latente, para otros ámbitos de la sociedad, por ejemplo, el gastronómico, que aún no han atravesado por un cuestionamiento profundo de sus fundamentos institucionales.

Decir que la gastronomía contemporánea está pidiendo a gritos su particular 15M significa apropiarse de las proclamas que se gritaron entonces en las plazas, tanto la deconstructiva («esta gastronomía no nos representa»), como la de vocación más constructiva («otra gastronomía es posible»). Se trataría de trasladar a la gastronomía la premisa que desencadenó todo aquel aspaviento político: lo que representa gastronómicamente a una sociedad dependerá de qué entienda esa sociedad por *la* gastronomía, cómo la represente; en una palabra, de cómo nos posicionemos en el dilema entre un modo mayor que cocina platos y un modo menor que cocina el mundo discretamente sobre los rescoldos que deja el primero.

Hay una manera de abrir la gastronomía a nuevos vínculos y abrazar así la multidimensionalidad del fenómeno. Es una manera que opera por *agregación*. Una manera discreta, contenida, incremental más que disruptiva, de ampliar el campo problemático de la gastronomía. Agregar nuevas dimensiones o facetas a esa fenomenología atrapada en la cuadratura chef-comida-comensal-restaurante produce una detonación controlada de la gastronomía platocéntrica. Repasemos brevemente algunas de estas tentativas: la gastronomía social, la gastronomía 360 y la cocina holística.

Ampliación del medio campo

El reciente giro social de la gastronomía supone utilizar el poder de los alimentos para producir un cambio social. Al utilizar los alimentos como herramienta, la *gastronomía social* aspira a construir una sociedad más equitativa, inclusiva, innovadora y solidaria. En este contexto, los chefs son los nuevos prescriptores. No se trata, pues, de ocupar un espacio en los rankings, sino de hacer de ese fin un medio para ejercer influencia en la opinión pública. Ahora bien, en una sociedad atravesada por la lógica del espectáculo, nada libra al chef de la tentación de hacer del giro social un elemento promocional más, ahondando así en el paradigma de la gastronomía de influencia que se pretendía abandonar. Cuando se cocinan determinados platos, la mano izquierda sabe a ciencia cierta lo que hace la derecha.

En el caso de una visión 360 aplicada a la gastronomía, esta se expande a lo largo y ancho de la cadena de valor: producción, transformación, distribución y restauración. *La gastronomía 360* trasciende el marco de sentido común de la alta cocina o de la cocina a secas. Va más allá del objeto (plato) y el sujeto (cocinero) de la gastronomía estándar. En ella confluyen más bien un conjunto de relaciones en el que intervienen agentes de muy diversa índole:

> Su forma, en ese sentido, es más la de un ecosistema de variables interconectadas, en el que las acciones que se generan en un contexto afectan de manera directa al resto. Además de con lo culinario, la gastronomía tiene que ver con entornos naturales, tecnologías, organizaciones sociales, formas de producción, distribución, comercialización y consumo, pero también con el diálogo entre conocimiento, identidad, cercanía, sostenibilidad, biodiversidad, equilibrio, salud, seguridad alimentaria, trazabilidad, entre otros. En este eje se insertan, a su vez, empresas, agricultores, pescadores y ganaderos, denominaciones de origen, distribuidores, científicos, instituciones, centros de investigación, chefs, restaurantes y un largo etcétera, sin

olvidarnos de los consumidores, que dan sentido y fuerza a toda la cadena.[35]

Estamos ante una larga enumeración que hace de la gastronomía una suerte de representante o portavoz de todo lo que se mueve en el ámbito de la alimentación. La gastronomía 360 es un paraguas que lo abarca todo, cuando no una suerte de atalaya privilegiada desde la que observar el hecho social de la alimentación. Lo que queda por dilucidar es si esta concepción de la gastronomía aspira a erigirse en un punto de vista original, una perspectiva desde la que ver el mundo desde un sesgo nuevo, o si responde más bien al afán de posicionar la gastronomía como una actividad *atrapalotodo*, que pretendería, a mayor gloria del *business*, estar a la vez en todas partes y en ninguna.

El concepto de *cocina holística*, quizás el más interesante de los tres, apuesta por crear elementos de reflexión que se extienden más allá del plato. Desafía las ideas preconcebidas en torno a la comida para suscitar debate:

> La cocina holística también defiende la sostenibilidad y la biodiversidad, además de evocar recuerdos y florecer emociones con sus platos, llevando al comensal a reflexionar sobre sus acciones y obligaciones en torno a ellos mismos, a lo que comen y al planeta en el que viven.[36]

La experiencia está diseñada para ir más allá del plato, para crear reflexión, sorpresa y debate en el comensal. Esta

---

[35] BCC Innovation (2020) *Gastronomía 360. 4 escenarios postcovid*, consultado el 17-12-2023 en https://innovation.bculinary.com/wp-content/uploads/2020/06/Gastronomi%CC%81a-360-4-escena.

[36] Bronnum, B. y Munk, R. (2019). «Holistic cuisine. A focus beyond the plate», *International Journal of Gastronomy and Food Science*, 15, pp. 32-35.

propuesta es la que más se acerca a la comersación, esto es, a la ambición de hacer del plato un dispositivo epistemológico, que, además de nutrir y provocar una experiencia placentera, nos provee, cuando nos lo comemos, de conocimientos sobre el mundo. Así, el plato no solo sería fruto de un saber hacer culinario previo, sino que produciría también conocimiento *a posteriori*. La horma de la cocina holística son las paredes del restaurante —y no de cualquier restaurante—, razón por la cual tiene un alcance limitado e interpela generalmente a públicos entre cuyos intereses no está precisamente el de reivindicar que otra gastronomía es posible.

La otra manera de ampliar el campo de batalla de la gastronomía consiste en rebasar las fronteras del plato y asumir que el mundo es el plato por cocinar. Ahora bien, para cocinar el mundo de manera consciente y crítica debemos prestar atención a cómo el comer afecta a determinadas zonas críticas que hasta ahora no se incluían en la *fenomenología* de la gastronomía, entre la miríada de fenómenos que una sociedad considera gastronómicos. La ampliación del espectro de lo que entendemos por y reconocemos como

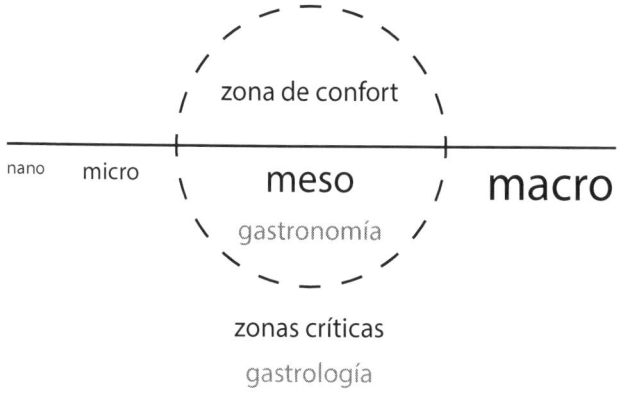

gastronómico constituye, precisamente, la condición para transitar de la gastronomía a la gastrología. Hablamos de la potencialidad que tiene la gastronomía de expandirse una vez que asume, con todas las consecuencias, la complejidad que la atraviesa.

La gastronomía se ha caracterizado tradicionalmente por la segregación de su práctica a una escala determinada, la escala social o meso: recetas, técnicas, tradiciones, ingredientes, restaurantes, comensales, chefs, etc. Ahora bien, como advierte el grupo británico Radiohead en una de sus canciones: «Que lo sientas, no significa que esté ocurriendo». [37] Que sientas que pasan cosas en la zona confortable no significa que esté sucediendo algo realmente transformador. Y, a la inversa, que no las sientas no significa que no estén sucediendo cosas relevantes en otras escalas de la realidad que están más allá de tu percepción y entendimiento. Dicho en el lenguaje cifrado de la sociología: las transformaciones que percibimos a nivel «fenomenológico» no tienen por qué traducirse en cambios a nivel «sistémico». Hay cambios en el plato que no provocan cambios en el mundo

La potencialidad de la gastronomía reside en la posibilidad de ampliar la mirada hacia la imbricación del plato con otras entidades (ambientes, infraestructuras, políticas, diseños biológicos, etc.) y hacia su traducción a lo largo de las diversas escalas (nano, micro, meso y macro). La gastronomía se tornaría así en multiverso microbiológico, alimentario, geopolítico, climático, organoléptico, tecnológico, ecosistémico, identitario, neurológico, mercantil, sensorial, patrimonial, etc. No es otra cosa lo que hemos llamado «propuesta gastrológica»: una versión transescalar

---

[37] «There There», canción que forma parte del LP de Radiohead *Hail to the Thief* de 2003.

destinada a desafiar la zona de confort de lo que (re)presentamos y (re)conocemos como gastronómico. Desde esta nueva mirada, la gastrología estaría atenta a aquellos casos en los que los cambios en el plato producen cambios en el mundo. Y viceversa.

Ahora bien, la ampliación de la mirada a estas otras escalas no es un mero acto de voluntad, sino que precisa de la acción mancomunada del activismo y la ciencia. Mejor, de una ciencia activista y un activismo de base científica; un activismo científico transescalar sensible a realidades que van desde la microbiología —que deviene *microbiopolítica*—, a proceso sistémicos del calibre de la emergencia climática. Una gastronomía que se mueve, como advertíamos en capítulos anteriores, «entre el planeta y tu intestino». Hablamos de una heterotopía, de un lugar aparentemente imposible, en el que la flora intestinal convive con el *terroir* microbiano, y este con la huella de carbono… y con todo lo que hay entre medias.

Pues bien, ahí va el órdago: la gastrología interpela a nuestra reprimida condición de idiotas. Me explico.

El idiota gastronómico

Renunciar a los sesgos que la notoriedad, el poder y la influencia imprimen en la gastronomía es condición *sine qua non* para movernos con solvencia entre sus *modos menores* y ampliar así la relacionalidad de la gastronomía. Solamente estaría a la altura de este reto un Gulliver que, renunciando a viajar, como los chefs más estrellados, a países lejanos, se aventurase a moverse entre escalas. No un Gulliver *cosmopolita*, un *foodie* que recorre el mundo buscando el último plato-unicornio, sino un Gulliver *cosmopolítico*, que transita zonas críticas, más grandes y más pequeñas que él, en un mundo dionisíaco en permanente transformación. La única certeza es que, si no sintoniza con esas escalas, serán ellas las que apresen a Gulliver, como, dicho sea de paso, nos está ocurriendo hoy día.

Dice el epistemólogo y filósofo francés Michel Serres, a propósito de *El banquete* de Platón: «Los esclavos y las mujeres, como los dioses, se mantienen cerca del horno en que se suceden las metamorfosis, mientras que los ignorantes hablan».[38] No es casual que esclavos y mujeres fueran considerados idiotas en la Grecia Clásica. Los que más sabían, de saber y sabor, eran, paradójicamente, los que menos hablaban. Hay, sin embargo, en la genealogía del término «idiota» una acepción que ha tenido menos predicamento que la clásica, a causa probablemente de que surge en la época más oscura de la historia, el Medievo. Sin ir más lejos, Francisco de Asís, uno de los personajes más paradigmáticos de la Edad Media, se definía a sí mismo como «idiota de Dios» y «súbdito de todos».

En el imaginario medieval, el idiota se corresponde con el estrato inferior de una escala social que distingue entre los *amiores*, detentadores del poder público en sus diversas especies —autoridad, doctrina, ciencia—, y los *minores*, la gente común, las personas privadas de prestigio y poder. Ahí reside, paradójicamente, el poder de los idiotas, en su in-sig-nificancia. El idiota muestra el arte de mantenerse pequeño por el bien más alto. Atenta así, sin pretenderlo, contra el modo mayor. Un modo mayor cuya lucidez convierte en una afección megalopática que aqueja a *atletas* de la política.

> El idiota es un ángel sin mensaje: un íntimo comple-mentador, sin distancia, de todos los seres que casual-mente encuentra [...] en medio de una sociedad de

---

[38] Serres, M. (2002). *Los cinco sentidos*, p. 220. Aguilar: Madrid.

representantes de papeles y de estrategas del ego encarna una ingenuidad inesperada y una benevolencia que desarma […]. Se mueve entre los seres humanos de la alta y la baja sociedad como un niño grande que nunca ha aprendido a calcular en su propio beneficio.[39]

El idiota gastronómico es el que abandona la esfera pública, la de la notoriedad, para, en un ejercicio deliberado de autoconfinamiento (que no de *autoconfitamiento*), refugiarse en casa. Porque el idiota es también quien habita las zonas críticas (entre otras, la cocina), donde encuentran *lugar* los modos menores: los cuidados, la gestión de los residuos, la cocina de aprovechamiento, la microeconomía doméstica, etc. Idiotas son los foodgitivos, los fermentadores, los forrajeadores, los que espigan, los germófilos, los activistas científicos y los científicos activistas, los cocineros que apuestan por el decrecimiento, las estrellas fugaces, los micelios… En fin, los representantes *en la tierra* del modo menor de la gastronomía. Pero lo idiota no es solo un sujeto o una subjetividad, una manera de ser. Idiota fue también la pandemia. Fue, de hecho, la Gran Idiota, la que desde la escala infinitesimal paralizó todo a su alrededor.

Lo idiota es superficial. Ahí reside su versatilidad. No tildemos, empero, lo superficial de estúpido o corto de entendederas, como define al idiota la medicina moderna. Superficial es, literalmente, lo dotado para transitar las superficies. Solo lo idiota sabe, de saber y de sabor. Solo él se mueve entre superficies y escalas. *Be superficial, my friend!*

Solamente siendo idiotas (que no es lo mismo que ese hacer el idiota que persigue epatar a la burguesía) podremos movernos con soltura sobre las superficies de las zonas críticas, ahora sí reconocibles como gastronómicas. Por zonas

---

[39] Sloterdijk, P. (2003). *Esferas I. Burbujas: microsfereología*, p. 426. Siruela: Madrid.

críticas interconectadas que, como si fueran fractales, se reproducen con una exactitud asombrosa a escalas múltiples: la microbiota intestinal, las concavidades de la boca, las texturas confortables (y no tanto) de los alimentos, la rugosidad de los manteles de la comensalidad, el cemento de los mercados, el *terroir* de las huertas, los cultivos sobreexplotados, las cintas transportadoras de la industria alimentaria, los mapas meteorológicos, etc.

Seamos idiotas, pues, pero no (solo) para hablar del mundo, sino para metabolizarlo mientras lo cocinamos y nos lo comemos. Mientras lo digerimos con nuestros dos cerebros. Como Gargantúa, que los conecta a través de un conducto imaginario por el que se deslizan, durante el Carnaval, los niños, esos idiotas superdotados. Pero no cualquier Gargantúa. Un Gargantúa *queer*, que, además de comunicarlos, invierte la polaridad de nuestros dos cerebros. Seamos las lenguas *sapientes* que callan en la feria de las vanidades.

Retornemos pertrechados de este nuevo «sentido», que está a caballo entre sabor y saber, a restaurantes que han tornado *cocinatorios*, híbridos de cocina, laboratorio y refectorio; lugares para *comersar*; lugares en los que cocineros, activistas, científicos y comensales pueden acceder por igual al banquete; un banquete simétrico, donde se habla y se come a la vez, donde lo que se come tiene al menos el mismo valor que lo que se habla. Donde se cocinan platos que nos hacen reflexionar, pero no solo sobre sus excelencias, sino sobre sus condiciones de posibilidad: *food for thought*.

El desafío que lanzo a cocineras y cocineros de mundos es cómo hacer platos para pensar la complejidad. Si vivimos en tiempos agitados, en tiempos desordenados, en tiempos de controversia, en tiempos de debate, ¿cómo hacer para trasladar eso al plato? Ahí reside la alquimia de la gastronomía: poder experimentar un plato no solamente cuando lo comemos, sino también cuando nos come.

Hace no mucho leía las declaraciones de una cocinera que afirmaba que su aspiración era cocinar *su* tierra. No es lo mismo cocinar mi tierra que cocinar *la* tierra. No es lo mismo cocinar mi mundo que cocinar *el* mundo. De lo primero vamos sobrados. *Etnomarketing*, ejercicios identitarios que implican una actitud extractivista: lo hago mío antes de cocinarlo. Lo segundo es una experiencia gastrológica. No es lo mismo cocinar para el mundo, ni siquiera desde el prodigio logístico de una cocina centralizada y global o desde una *culinary nation*, que cocinar el mundo de manera fractal, cada uno desde su cocina.

A nadie gusta que le llamen idiota. Mucho menos a los atletas de la gastronomía. Pero lo que hemos querido defender aquí es que, una vez fermentado convenientemente el término, solo desde la capacidad de abismarse de lo idiota se le presenta a la gastronomía (devenida gastrología) la oportunidad de estar a la altura del complejo mundo que habita y de los retos que deberá enfrentar en el futuro cuando quiera seguir cocinándolo sin que se le caiga la cara de vergüenza.

(E)LECCIONES PANDÉMICAS

Embadurnada de harina
Con las manos en la masa

VAINICA DOBLE Y JOAQUÍN SABINA
Con las manos en la masa

El *idiotés* griego es, como ya hemos señalado, el que se desentiende de la política (*polis*), el que se queda en su casa (*oikos*). Hoy día se hace política en y desde casa. Es una política más material que ideológica, que se despliega en las decisiones que tomamos y las elecciones que hacemos, muchas de ellas relacionadas con la alimentación, la cocina y la gastronomía. Si algún acontecimiento ha puesto en evidencia la potencia política de lo idiota, ese es la pandemia.

En estas estábamos, cómodamente instalados en *Culinary Nation*, con una gastronomía potente, que estaba literalmente hasta en la sopa, cuando sobrevino la pandemia provocada por la COVID-19 y la máquina social —también la gastronómica— dejó de funcionar. La sociedad entró en shock, toda vez que no disponía de un relato que explicara lo que más bien parecía un mal sueño. El sentido común, incapaz de explicar semejante desafuero, precisamente porque atentaba contra su línea de flotación, balbuceaba, como un boxeador grogui, palabras como «nueva normalidad», «vacuna», «aerosoles», «balcón», «inmunidad de rebaño», «distancia social», «aplauso», «mascarilla», «black kitchen», «protocolo covid», etc. Mientras tanto, la naturaleza, travestida en un implacable virus de origen animal, seguía su propio curso, indiferente a lo que los humanos pensábamos de ella, si es que, en el más improbable de los casos nos aventurábamos a pensar algo…

Esta ignorancia sobre lo que realmente ocurría, que era producto de la indiferencia hacia una naturaleza con la que siempre tuvimos una relación utilitaria, cuando no extractivista, hizo que las primeras medidas adoptadas fueran eminentemente «sociales». Ese era el idioma que hablaba nuestro delirio antropocéntrico. Hasta la distancia física se tornó «social». En términos gastrológicos, las soluciones se limitaban a la escala meso (regulación *indoor*, en el interior de los hogares, de la convivencia entre humanos, para lo cual resultaba esencial blindar los suministros de luz, agua, alimento y entretenimiento) y micro (regulación *outdoor*, a base de medidas higiénicas y protocolos de seguridad aplicados a escala poblacional).

Con anterioridad a la llegada de las vacunas, que supusieron un punto de inflexión, porque abrieron la puerta a la ciencia, las medidas no alcanzaban a impactar en el nivel microbiológico en el que operaba a sus anchas el virus (escala nano), ni en el nivel ecosistémico, allí donde se producían procesos incontrolables de los que lo ignorábamos todo (escala macro). Los extremos (nano y macro) se tocaban en la ignorancia de la sociedad. Esta, que en gran medida había provocado la crisis zoonótica con sus excesos, se empecinaba en dar respuestas newtonianas (mecánicas y complicadas) en un entorno einsteiniano (cuántico y complejo). Así, a la contra de lo que exigían las circunstancias, se impuso la importancia de lo urgente —salir del atolladero, hasta nuevo aviso—, a la urgencia de lo importante: procurar, en previsión de futuras recaídas, un modo de vida más en sintonía con las necesidades de nuestro entorno.

Así, la sociabilidad, el contacto con el exterior, pasaba por el balcón, esa membrana que posibilitó un juego perfectamente especular, de efecto narcotizante, en el que lo que veíamos desde nuestros hogares eran… otros hogares tan reconocibles como el nuestro. La sociedad aplaudía a los sanitarios y, de paso, se aplaudía a sí misma, cual narciso colectivo, reconfortándose. En una palabra, celebrándose a sí misma. La hostelería, por su parte, cuando pudo abrir las puertas de sus negocios, dedicó toda su creatividad a diseñar e implementar incontables protocolos de higiene y seguridad, así como nuevas mediaciones seguras y eficaces, desde las vitrinas al *delivery*.

Desde la perspectiva de la alimentación, en lugar de convertirlo en vector de transformación social, se hizo del comer/cocinar un refugio confortable construido a base de paredes de levadura, azúcar, harina, cerveza… y papel higiénico. La comida se tomó por algo fundamentalmente reconfortante. Opción que impedía toda reflexión en torno a cómo la pandemia pudo haber sido consecuencia, entre otros factores, de la problemática —por decirlo suavemente— relación que lo que comemos tiene con el entorno que habitamos. ¿Realmente aprendimos algo de la pandemia? La cuestión que surge es si acaso, visto lo visto, la pandemia no se saldó con una solución gastronómica exitosa que dibujó, en su reverso, una experiencia gastrológica frustrada (y frustrante).

Que la información circule no siempre asegura que se genere conocimiento, y sin este es imposible una actitud reflexiva, es decir, consciente, de las consecuencias, previstas e imprevistas, que tienen las elecciones que hacemos a diario. Pues bien, el torrente de información gastronómica trivial que circuló por las redes no evitó, más bien provocó, que se escamotearan las preguntas más inquietantes: ¿En qué ha contribuido nuestra relación con la alimentación a provocar este dislate? ¿Por qué se impuso una gastronomía refugio en detrimento de otra más crítica y autoconsciente, en una palabra, más política? ¿Por qué tanto *delivery* y tan poca deliberación?

Cuando decimos que prevaleció lo urgente sobre lo importante, hacemos referencia al conjunto de medidas o protocolos encaminados a hacer de la gastronomía una actividad (más) segura. A qué negarlo, la pandemia fue una chistera de la que brotaron auténticos prodigios logísticos. Recuerdo cómo me eché a llorar de emoción cuando un buen día, de madrugada, navegando por internet, di con un vídeo en el que se explicaba cómo habían logrado convertir un hotel de Madrid en hospital. También la logística encierra una poética.

De hecho, fue la logística, los múltiples suministros y servicios que había que coordinar, y los agentes que la hicieron posible, los cuales se agruparon bajo el rubro «actividades esenciales», quienes ocuparon las calles y los titulares de los medios de comunicación. Lo que hasta entonces se ocultaba o pasaba desapercibido (porque ni fallaba, ni le faltaba a la gran mayoría), a saber, el suministro de comida, pasó a primer plano y robó el protagonismo a la vida social, que pasó a desmaterializarse en las redes. La pandemia puso las cosas del revés: hizo visible, a ojos de todos, un virus minúsculo. Una infografía del virus a gran escala presidía el fondo de pantalla de todos los informativos. Pero al mismo tiempo hizo invisible lo que antes estaba en primer plano: la cotidianidad, que quedó absolutamente maltrecha.

Por otra parte, se dio una radical escisión entre lo que sentíamos en nuestros hogares y lo que ocurría «ahí fuera», en el desierto de lo real. En ese sentido, la pandemia trajo una exacerbación de la controversia entre las perspectivas gastronómica y gastrológica. En términos gastronómicos, este período de profunda incertidumbre provocó un cierre. No me refiero aquí a que se decretase un confinamiento generalizado, sino a un cierre categorial, una especie de confinamiento mental que congeló el imaginario de la gastronomía en un repertorio limitado de prácticas y discursos en torno a lo que comer y cocinar significan para una sociedad.

Es llamativo, por ejemplo, que, en un tiempo de enormes complicaciones logísticas, se tuviera la necesidad imperiosa de seguir celebrando congresos gastronómicos en los que se mostraban, como si nada estuviera pasando, incluso, diría, con mayor entusiasmo que antes de la pandemia, las últimas novedades técnicas, las novedades en materia de ingredientes y *gadgets* tecnológicos, así como la exhibición de la habilidad y el talento del cocinero de turno. En este sentido, se vivieron momentos cargados de simbolismo. Citaré aquí, a modo de elocuente anécdota, la edición online de San Sebastián Gastronomika, donde, en el transcurso de una conversación, Ferrán Adrià anunció que ponía a disposición de todos los asistentes al congreso, sin coste alguno, la versión en pdf del primer volumen de la Bullipedia, titulado, no por casualidad, «Qué es cocinar».

A esto nos referimos cuando hablamos de cierre categorial: en un momento de enorme incertidumbre para el sector de la restauración, asistíamos a lo que sin exagerar se puede llamar un acto de refundación. Una de las voces más autorizadas, si no la más, del ámbito de la gastronomía contemporánea, decretó cuál era la piedra de toque de la gastronomía: esto (y no otra cosa) es cocinar. Ni el más mínimo amago de contemplar siquiera la hipótesis de que esa manera de cocinar/comer tuvieran algo que ver con el caos que acontecía en el fuera de campo de aquella pantalla desde la que se anunciaba *urbi et orbi* la buena nueva.

Otro de los rasgos, complementario en cierto modo del anterior, de ciega resistencia gastronómica (que no resiliencia, por razones que se verán más adelante), frente a la apertura mental que requería la situación, fue el regreso triunfante, durante el período de confinamiento, de la *comfort food*. Esta deriva es interesante en razón de que tras la idea de comida confortable hay una determinada relacionalidad, casi una ecología del hecho gastronómico. Este término se asocia generalmente con la comida doméstica, con la cocina «de la abuela», la de «toda la vida». Estamos ante una comida-refugio, el tipo de preparación que, a base de texturas ligeras que activan sensaciones confortables y nutritivas, provoca, a nivel sensorial y subjetivo, una suerte de «seguridad infantil». Como señala Charles Spence,[40] hay una evidencia empírica de que, en tiempos difíciles, los cocineros, tanto los profesionales como los amateurs, tienden a poner sobre la mesa más comida de este tipo. Las siguientes palabras de Laurie Colwin son, en este sentido, muy elocuentes. Merece la pena reproducir la cita en toda su extensión:

> Hace ya mucho tiempo que me di cuenta de que cuando estamos cansados y hambrientos —o sea, prácticamente a todas horas en la edad adulta— no nos apetece enfrentarnos a una comida que suponga un desafío intelectual; lo que buscamos es consuelo. Cuando la vida se pone cuesta arriba y el día ha sido largo, la cena ideal no se compone de cuatro pasos impecables, cada uno sobre un lecho de salsa cuyos deliciosos sabores encarnan algo nuevo e insólito, sino más bien de un plato reconfortante y sabroso, fácil de digerir, algo que nos haga sentir protegidos, aunque solo sea por un par de minutos.[41]

---

[40] Spence, C. (2017). «Comfort Food», *International Journal of Gastronomy and Food Science*, Volume 9, pp. 105-109.
[41] Citado en Nicolau, M. (2022). *Cocina o barbarie*. Península: Barcelona.

Desde su zona de confort doméstico, la gastronomía puede ser entendida también como una zona de sosiego epistemológico, toda vez que, como dice Colwin, no supone ningún «desafío intelectual». No desde luego el desafío de medio pelo de pensar qué ingredientes contiene, cómo han sido cocinados y qué sensaciones (nos) provoca el plato que estamos degustando, cuestión a la que Colwin parece aludir. Ni mucho menos el desafío, de mayor calado político, de pensar en las condiciones de posibilidad, en las razones profundas por las cuales el plato que estamos degustando nos transmite calma y no desasosiego. Antes, pues, de entrar en disquisiciones mayores, habría que preguntarse por qué, aun en circunstancias extremas como las provocadas por la COVID-19, seguíamos embadurnados de harina, sin enterarnos de la misa la media.

La comida-refugio alimenta un mundo-refugio que estaría representado en la imagen soleada, lejana pero acogedora, de la burbuja azul. Un mundo en el que la gastronomía se despliega al modo de una animada conversación global, de tono cosmopolita, espléndidamente alimentada por las redes sociales. ¿No supone esto un triunfo de la gastronomía, de la norma no escrita de comer rico y confortable, en detrimento de una gastrología consciente de las repercusiones negativas que pudieran derivar de ese comer rico y confortable? El triunfo de la gastronomía sobre la gastrología, de lo urgente sobre lo importante, conlleva, en suma, una actitud perezosa que nos impide (re)conocer cuáles son, a nivel sistémico, las consecuencias imprevistas, algunas de ellas perversas, de nuestras elecciones gastronómicas.

La propuesta gastrológica trata de imprimir un giro, de consecuencias políticas, que abandonaría aquel cosmopolitismo amable, cuya versión más depurada es el ejército de *foodies* que recorre el mundo en busca de experiencias gastronómicas sublimes (mientras generan una enorme huella de carbono). Un desplazamiento hacia una propuesta que, con la filósofa e investigadora de la ciencia Isabelle Stengers, llamaríamos cosmopolítica, centrada en discernir cómo las seguridades domésticas pueden generar tensiones e incertidumbres sistémicas.

Para ello es preciso diferenciar dos dimensiones. Por un lado, la dimensión fenomenológica: la forma de comer y cocinar durante el confinamiento se convirtió en un placebo con el que trascender el desasosiego producido por la pandemia. La comida convirtió el hogar en una suerte de *scape room* que sirvió para obviar otras consecuencias menos amables de nuestras elecciones gastronómicas. Consecuencias que, por más que sean ignoradas, siempre están al acecho en lo que hemos denominado las *zonas críticas*. Por otro lado, tenemos la dimensión sistémica, la forma en que la pandemia evidenció, para quien quisiera escuchar el rumor de fondo, que comer y cocinar importan en términos de nuestra capacidad cosmopolítica de componer o transformar el mundo.

La diferencia entre zona de confort y zona crítica radicaliza la separación de estos dos planos, el fenomenológico y el sistémico. Respectivamente: el plano de lo que sentimos o experimentamos, y el plano de lo que sucedió durante la pandemia más allá de nuestra conciencia y percepción. El corolario de todo ello es la situación esquizoide, escindida, que vivimos en aquel trance, sintiéndonos cada vez más protegidos en casa, mientras «ahí fuera» las cosas eran cada vez más inciertas, precisamente como consecuencia de nuestra inacción y el abotargamiento a que esta nos abocó.

¿Confitados o fermentados?

Una manera ilustrativa de explicar lo sucedido con las cosas del comer durante el confinamiento es acudir a la sabiduría popular. Mucha gente decía sentirse «confitada». Más allá de su literalidad, la metáfora de la confitura anticipa lecturas muy jugosas de lo que ocurrió en nuestras casas.

Como es sabido, confitar es la acción de cocinar un alimento en caliente, en su propia grasa (o en azúcar, si se trata de fruta), en el interior de un recipiente tapado. Si aplicamos la cantidad idónea de sal, grasa o azúcar, el alimento que confitamos alcanza una palatabilidad óptima que se conoce como *bliss point*. Es esa textura agradable y fácil de masticar la que produce la sensación de confort. En sentido no solo figurado, estar confitado equivaldría a cocinarse en el almíbar social de nuestros hogares y las redes sociales.

Otra de las prácticas que se extendieron durante el confinamiento, aunque en menor medida, fue la fermentación. Si el confitado es una alegoría de lo que sucedía en el ámbito protegido del hogar, la fermentación coincidía, al menos a nivel microbiológico, con los procesos que acaecían en un afuera más incierto y complejo. La fermentación es un proceso bioquímico de transformación de un alimento por la acción de un factor externo (bacteria, hongo, enzima). En un contexto higienista o germófobo, como pudo ser el de la pandemia, la fermentación se entiende como un riesgo desde el punto de vista microbiológico. Por otra parte, cuando se emplea en procesos de creatividad culinaria, la fermentación no busca necesariamente ni el confort ni la palatabilidad de los alimentos. Diría más, mucha comida fermentada se puede entender como *discomfort-food* (comida no confortable). No en vano, entre los significados de fermentar que da la RAE, hay uno que se refiere a «estado de ánimo agitado o alterado».

En suma, el alcance cosmopolítico de lo que ocurrió en nuestros hogares durante la pandemia depende de si (nos) confitamos o (nos) fermentamos. Huelga decir que no traigo aquí a colación el confitado y la fermentación como técnicas culinarias, sino como metáforas gastrológicas, pues remiten a relacionalidades muy distintas, es decir, a dos formas diametralmente opuestas de enfrentarse al mundo desde el comer/cocinar: protegernos de él confitando(nos) o cocinarlo con todas las consecuencias fermentando(nos).

¿Hasta qué punto la desaceleración de los procesos sociales «en su propia grasa» que supuso la pandemia sirvió potencialmente para hacernos conscientes de que la forma en que comemos y cocinamos pueden transformar el mundo? ¿O fue precisamente lo que lo impidió? ¿Podría la comida no confortable, por ejemplo, la fermentada, activar la atención, la sensibilidad y la conciencia *sistémica*?

Listen to your guts (Reset)

Fermentar es una apuesta cosmopolítica integral porque, como diría la filósofa Jean Bennett, su *vibración* se siente en las cuatro escalas gastrológicas.[42] Cuando fermentamos, experimentamos todas las escalas, cada una desde su frecuencia o longitud de *onda*; percibimos que somos como comemos y con quien comemos; que somos lo que comemos; que somos lo que comen las bacterias de nuestro cuerpo; y que somos lo

---

[42] Bennett, J. (2022). *Materia vibrante. Una ecología política de las cosas.* Caja Negra: Buenos Aires (Argentina).

que come lo que comemos. Y somos todo eso *simultáneamente*. Aunque en la dimensión fenomenológica no percibamos que ocurren cosas a otras escalas, porque, básicamente, no nos ocurren a nosotros, fermentar, como dice Sandor Katz, uno de los más acerados divulgadores de esta práctica, tiene un alcance transescalar:

> La fermentación es una fuerza vital que las culturas han aprovechado para crear alcohol; para generar sabores atractivos; preservar los alimentos en tiempos de abundancia para épocas de escasez; hacer que las plantas que de otro modo serían tóxicas sean seguras para comer; aumentar el valor nutricional y hacer que los alimentos sean más fáciles de digerir; mantener la salud y curar enfermedades; restaurar y diversificar nuestra microbiota; conservar y producir energía; y regenerar la fertilidad del suelo.[43]

Uno de los efectos indirectos de la fermentación es la toma de conciencia microbiológica. En este sentido, la COVID-19 prestó un servicio impagable a la fermentación (y, como tratamos de defender aquí, la fermentación a la toma de conciencia de las implicaciones no solo sanitarias, sino también ecosistémicas de la COVID-19), porque hizo (más) plausibles escalas que antes pasaban desapercibidas o solo estaban al alcance de los científicos. Hasta el punto de que abrió la caja negra de la fermentación. La COVID-19 y la fermentación generaron una interesante sinergia de cara a la sensibilización o la socialización microbiológica.

El consumo de algunos productos durante la pandemia (cerveza, pan, chocolate, etc.), era, en clave marxista, si se me permite la licencia política, un consumo «alienado», dado que, siendo productos fermentados, quien los consumía no

---

[43] Katz, S. (2020). *Fermentation as Metaphor*, p. 106. Chelsea Green Publishing: Nueva York.

los tenía por tales. Los producía una industria de la alimentación que monopoliza los medios de producción de los alimentos fermentados (y la propia técnica de la fermentación), haciendo de ella una caja negra, es decir, convirtiendo el producto de la lucha (de clases) microbiológica en un fetiche masticable. Sin embargo, durante la pandemia, en algunos hogares, los menos, la cocina se activó políticamente y se abrieron las cajas negras de la comida confortable.

Si alguna esperanza dibujó la pandemia es que produjo un cambio en la escala a la que observamos la realidad que nos rodea. Durante la COVID-19 hablamos con bastante naturalidad sobre virus, aerosoles, microgotas, etc. No podíamos toser, comer en compañía, cantar, hablar o siquiera respirar, porque estas acciones, hasta entonces tan cotidianas y banales, presentaban un alto riesgo de contagio. La pandemia tuvo un efecto pedagógico inesperado: visibilizó la revolución silenciosa que se estaba produciendo en el ámbito microbiológico y dignificó a las criaturas que habitan esa escala, haciendo más accesible esta escala gastrológica, por ejemplo, en el ámbito de la fermentación.

Pues bien, si algún día se consuma esta revolución microbiológica silenciosa que activó la pandemia, nuestra relación con la naturaleza cambiará radicalmente. El investigador y activista sueco Andreas Malm nos recuerda que la crisis del coronavirus puede representar el momento en que «el ser humano tome conciencia de su propia condición natural y ponga fin a su dominio sobre la naturaleza».[44] Tengo la impresión de que, al menos de manera latente, esta conciencia se aceleró entre quienes practicaron la fermentación en sus casas. A pesar de la idea socialmente impuesta de

[44] Malm, A. (2020). *Corona, Climate, Chronic Emergency: War Communism in the Twenty-First Century*. Verso: Londres.

que no es más que una cuestión asociada a un determinado «estilo de vida saludable», la fermentación es también una cuestión política en la medida en que nos recuerda permanentemente que «somos naturaleza».

La fermentación nos muestra una constelación que no está formada únicamente por seres humanos. Los microbios son nuestros conciudadanos. Una ferment(n)ación que funcionará si somos capaces de crear empatía entre especies, entendiendo que los habitantes de la escala nano son especies hermanas: hermana bacteria, hermano virus, hermana enzima… En esta nueva nación, nuestro trabajo, como humanos, es eminentemente diplomático: ayudar a crear condiciones en las que los microorganismos pueden hacer su trabajo correctamente, expresar todo su potencial, proporcionándonos, como contrapartida, el bienestar necesario para que podamos desarrollarnos también nosotros integralmente.

Para rematar la metáfora marxista, cabría preguntarnos si la fermentación no constituiría el antecedente de una sociedad sin escalas. Se podría decir, en este sentido, que es necesario dar el salto de los fermentadores como «clase en sí», el grupo o la «comunidad de aprendizaje» que forman quienes fermentan, ya sean profesionales o aficionados, a la ferment(n)ación como una «clase para sí», una clase con conciencia de serlo. «Fermentadores del mundo, uníos» podría ser la proclama de esta nueva geopolítica microbiana. Pero, bien mirado, ni siquiera son necesarios los procesos de concienciación ni las proclamas a la unidad. Quizás, quienes fermentan están unidos *de facto* por una suerte de micelio invisible.

Quizás haya sido la ausencia de una sensibilidad o imaginación interespecista que vincula el murciélago con el pangolín, a este con el humano que se lo zampó y a todos ellos con el capitalismo,[45] uno de los factores que han contribuido indirectamente al surgimiento de una crisis zoonótica como la COVID-19. En cualquier caso, en un contexto de crisis, la fermentación constituye un recordatorio de que las maneras de comer/cocinar constituyen una zona crítica, una arena política más relevante de lo que nos hace creer esa chata concepción de la gastronomía como estilo de vida y la fermentación como signo de lo *cool*. La nueva revolución no depende ya del bagaje de conocimientos culinarios, sino de que seamos capaces de ver cómo la zona crítica de la gastronomía se vincula a otras zonas críticas.

Concibamos, entonces, la fermentación, mejor dicho, la ferment(n)ación, como el sistema de gobernanza que compartimos con aquellos humanos que, como nosotros, la practican, pero también con aquellos no humanos, toda esa población microbiana, a través de la cual nos relacionamos con lo más grande, el planeta, y con lo más pequeño, la microbiota que habita en nuestro intestino. La ferment(n)ación será entonces el atajo gastrológico que une nuestros castigados intestinos con un planeta enfermo, acuciado por la crisis climática.

La fermentación es también, desde el punto de vista gastrológico, transescalar, toda vez que abarca desde el planeta al intestino. Comunica el cerebro de arriba, el que digiere las ideas, con el segundo cerebro, el de abajo, el que digiere los alimentos. ¿Y si *comersar* fuera el resultado de la acción de sendos cerebros mellizos que conocieran el mundo y lo metabolizara al mismo tiempo?

Hay en el ámbito de la gastronomía un edificio emblemático, la sede del Basque Culinary Center (BCC), que,

---

[45] No me interesa tanto la veracidad de esta historia cuanto su verosimilitud.

probablemente sin pretenderlo, esté anticipando esta posibilidad. El edificio del BCC es la traducción a arquitectura habitable de un enorme intestino. Una versión *high-tech* de Gargantúa, porque una vez que entras en él, en lugar de subir, se desciende. Accedes a él por la puerta-boca y conforme se van descendiendo pisos (y avanzando en el proceso formativo), cuando se alcanza el nivel más bajo, una vez que se ha digerido la idea de gastronomía, uno es expulsado por la puerta-ano a un hermoso bosque de robles... y helechos.

EPÍLOGO. CON M DE MUGARITZ

Los hijos de la lluvia están
creciendo a mi alrededor

091
La canción del espantapájaros

Volvamos al bodegón, a ese bodegón del que, al inicio de nuestro trayecto, hicimos desaparecer los alimentos con el fin de reparar en esos otros acentos de la gastronomía que quedaban ocultos al fondo. Si hay algún restaurante con «fondo», ese es Mugaritz. Pero ¿cómo describir un restaurante como Mugaritz? ¿Cómo abordar su crítica sin hacer referencia a lo que cocina? Por crítica no entendemos aquí la valoración de los platos, sino la elucidación de los fundamentos gastronómicos, en sentido amplio, de un restaurante que, para más inri, se empecina en huir de su condición de tal. Muchos comentarios que recibe Mugaritz en la red parecen abundar en la necesidad de imprimir este giro:

> Lo que está claro es que de Mugaritz sales de cualquier forma menos indiferente. Culinariamente decepcionado, aunque (redoble de tambores) la experiencia sea altamente recomendable. [46]

También en eso se sale Mugaritz de la norma: ¿Qué es eso llamado experiencia que no se encuadra en «lo culinario», en los platos del menú degustación? ¿A qué dimensión apunta

---

[46] Consultado en https://foros.acb.com/viewtopic.php?t=405660&start=2180 el 20-12-2023.

ese «más que comer»? ¿Qué es, en definitiva, la experiencia Mugaritz y sobre qué bases se construye? Siempre que lo pregunto, y lo he hecho en infinidad de ocasiones, obtengo la callada por respuesta.

Mugaritz carece de definición. Como diría el filósofo austriaco Ludwig Wittgenstein, solamente se puede definir «ostensivamente»,[47] indicando con el dedo, cuando algo significativo sucede: «eso es (muy) Mugaritz». El enigma de Mugaritz está contenido en una frase que leí en una entrevista a Andoni Luis Aduriz: «Me gusta más lo que significa Mugaritz que lo que hace». Andoni se define a sí mismo como un escapista. A la vista está.

Allí pierden la cabeza por diccionarios y glosarios. Definen todo menos a sí mismos. Y cuando lo hacen apelan a lo que no son. Trataré de romper esa regla no escrita aventurándome a indagar en qué significa Mugaritz. Al menos, mi Mugaritz.

Mi Mugaritz se escribe con m…

Con m de monogamia

Tengo una relación monógama con Mugaritz. Se podría decir que es el único restaurante que conozco porque es el único que me conoce. *Quid pro quo.*

Mugaritz ha sido un lugar acogedor y extraordinariamente generoso conmigo. Ha sabido conducirme por su laberinto, cerrándome las puertas de lo obvio, para que así pudiera acceder a sus intersticios, esos pliegues donde suceden las cosas más insólitas. Ahora bien, solo hay una manera

---

[47] Wittgenstein, L. (2009). *Los cuadernos azul y marrón.* Tecnos: Madrid.

de relacionarse con Mugaritz: marcar las distancias, dosificar la relación. La mía es una monogamia distraída. En caso contrario, te deshaces como un azucarillo en su embrujo.

Con m de mímesis

Recuerdo la primera vez que visité el lugar: un grupo de cocineros, pertrechados con cestas de mimbre, se disponía a recoger flores y raíces en el bosque que circunda Mugaritz. Más que a un restaurante, creí haber llegado a un retiro de monjes en permanente mímesis con el entorno (el marrón claro de los delantales echaba una mano a la imaginación). Por cierto, agradezco a Mugaritz que me haya regalado el acceso al vínculo que existe entre la gastronomía y la espiritualidad idiota de inspiración franciscana. Mugaritz es el reino de la simetría generalizada. Todo tiene la misma condición: hermano roble, hermana flor, hermana socia, hermano huerto, hermano sifón, hermana lubina, hermana bayeta, hermano Ramón…

Con m de marco

Mugaritz es una prueba de esfuerzo para la noción de restaurante. Una ruptura del marco convencional de la gastronomía. Allí todo irrumpe sin cálculo previo. Quizás sea consecuencia de que su método consiste en estar permanentemente abiertos a la serendipia. Durante estos años de relación monógama, he podido observar cómo han ido incorporando de manera orgánica y con un evidente sentido de la anticipación (¿es otra cosa la creatividad?) aquellos elementos que tiempo después han pasado a engrosar el listado de los requisitos en los que todo restaurante que quiera puntuar alto en los rankings debe hacer *check*, aunque no venga a cuento (ni a cuenta) hacerlo: primero me relaciono con científicos, los convierto en mis expertos «de cabecera» y lo cuento; abro un I+D; invento un *gadget* de cocina, le pongo mi nombre y lo comercializo; luego hago que mis plantillas sean sostenibles, procurando, además, que la mujer esté cada vez mejor representada, *ma non troppo* (tokenización); proclamo a los cuatro vientos la capacidad de transformación social de la gastronomía y colaboro con alguna institución del tercer sector; incorporo la sostenibilidad al *storytelling*; monto una huerta en el restaurante, etc.

Mugaritz no es de los que avanzan a base de oportunistas golpes de timón.

Con m de Moraza

Hay en un rincón de Mugaritz una obrita conceptual del artista Juan Luis Moraza que consiste en una secuencia de emes seguida de unos puntos suspensivos. No es esa «mmmmmm…» cautiva de la que hablábamos en capítulos anteriores, esa capitulación de quien, nada más meterse la comida en la boca, sin tiempo siquiera para degustarla, canta las excelencias del plato, no vaya a ser que se venga abajo el chiringuito de la gastronomía. La m de Mugaritz no es la «mmmmmm…» mutilada de saborear, sino la «mmmmmm…» que amagamos al rumiar pensamientos. ¿M de coMersar?

Con m de Magritte

Mugaritz es un restaurante trans porque dice no estar a gusto en la definición de restaurante. «Esto no es un restaurante» es la inscripción que tendría que presidir el frontispicio de Mugaritz. Mugaritz, obviamente, es una pipa.

Con m de Michelin

Mugaritz es algo más que el restaurante al que año tras año, como en el día de la MarMota, se le niega la tercera estrella Michelin. Más allá incluso de lo trans, Mugaritz es un ejemplo de disforia gastronómica: no hay manera de que encaje en el corpus gastronormativo de la guía roja. Nunca le darán la tercera Michelin a un restaurante que se ha dejado chupar por ese agujero negro, esa dimensión paralela que solamente los elegidos tienen el privilegio de conocer, que se abre entre la segunda y la tercera estrellas. Mugaritz gana todos los años la tercera no estrella Michelin. Nunca la ausencia de una estrella había hecho tanto por visibilizar lo que un restaurante tiene de constelación.

Con m de faMa

En Mugaritz, hasta la gestión de la notoriedad es I+D. Mejor, orfebrería.

Es conocido que, a falta de nuevos estímulos que tiren de ella, la gastronomía contemporánea ha encallado en el proceloso mundo del *storytelling* o, como dice el filósofo coreano Byung-Chul Han, el storyselling. [48] Para bien o para mal, también *somos lo que contamos*. Mugaritz llama a contar historias el *«sexto sentido»*. Por consiguiente, si quisiéramos saber qué es Mugaritz, deberíamos prestar atención a cómo se cuenta.

La repetición de una historia la vuelve mito. «Érase una vez un (no) restaurante a un roble pegado». El relato de Mugaritz comienza, invariablemente, con un mantra: Mugaritz viene de *muga* (frontera) y *haritz* (roble). La hache no es aspirada, sino *aspiracional*. Desaparece para activar el vacío oteiciano.

La paradoja reside en que, para subsistir, el mito ha de actualizarse todos los días en un relato, siempre el mismo, que, no obstante, ha de parecer fresco, recién cocinado. El mantra de Mugaritz es una repetición imposible, como la rosa de Gertrude Stein, que se transforma a medida que se repite. Repetición subversiva.

Mugaritz significaría, pues, «el roble de la frontera».

¿O es el roble *en* la frontera?

¿Significa lo mismo «roble de la frontera» que «roble en la frontera»?

---

[48] Han, B. C. (2023). *La crisis de la narración*. Herder: Barcelona.

Con m de *muga*

La frontera es, ante todo, un dispositivo geopolítico. Es aquella operación que aspira a que el mínimo grosor de la línea redunde en máxima eficacia separadora.

Es más frontera la tijera que el papel, y el papel que la piedra.

El roble de Mugaritz podría tomarse (muchos lo hacen) por un roble-frontera. Y, por extensión, como indicio de todo aquello que la frontera produce con su escisión: deseo de permanencia, de pertenencia, poder, influencia, posición, territorialidad, geografía, identidad, origen, genealogía o autenticidad.

Con m de *mugalari*

No te dejes engañar por los contrabandistas, los *mugalaris*. De noche, también ellos regresan a su casa. A dormir calentitos en su cama.

Con m de modo mayor y menor

Mugaritz sufrió un grave incendio en 2010 del que el proyecto salió reforzado. Cuando un bosque se incendia, solo lamentamos el árbol. Este alcanza su mayor nivel de visibilidad en el momento de su destrucción. Sin embargo, nunca reparamos en lo que ha sido arrasado a su alrededor: rastrojos, hojarasca, zarzas, hierba, arbustos… Ni siquiera están presentes tras el incendio, como sí lo está el roble calcinado. Han desaparecido. Solo tienen la función vicaria, y en cierto modo homicida, de servir de combustible al incendio.

Alrededor del roble de Mugaritz crecen helechos. Los helechos son la línea, la frontera imposible *en* la que se encuentra (¿de veras se encuentra?) el roble.

¿Cómo se cuenta Mugaritz? ¿*Desde* o *en* la frontera? La frontera no se puede habitar. Si fuera posible habitarla, dejaría de ser frontera. Salvo que la contemos de otro modo. Como membrana, como interfaz, como trinchera. O como fractal.

Mugaritz pertenece a este reino de lo fractal. De esa forma infinitesimal cuya repetición en múltiples formas y combinaciones está en la base de todo lo conocido. Lo fractal evidencia lo que la frontera tiene de quimera. Hace imposible la línea recta. Denuncia su mentira, ese querer hablar el dialecto de la geopolítica. De lo que separa. La geometría fractal pone en evidencia que la frontera jamás puede separar. Más bien une lo que quiere separar. Es más madriguera que frontera, más trinchera que línea. Si la frontera adquiere consistencia, entonces lo que separaba comienza a perderla.

El helecho es un fractal. La nieve también es un fractal. Pero en Mugaritz pocas veces nieva. La nieve de Mugaritz son los helechos. En Mugaritz «helecha».

El roble es a la frontera lo que el helecho a lo fractal. Si el roble, en tanto que símbolo, fija a Mugaritz como frontera, el helecho lo propaga, como si de un incendio (de ideas) se tratara.

Con m de traMpantojo

El roble es el (gran) trampantojo, el trampantojo de todos los trampantojos, que revela el significado oculto de Mugaritz. En realidad, el roble de Mugaritz quiere ser helecho. En realidad, el roble estaba allí solo para que crecieran los helechos. No mires solamente al roble, te está impidiendo apreciar los helechos que germinan a su alrededor.

Hay una cocina de roble y una cocina de helecho(s). Una cosa es pretender cocinar desde la frontera, abriendo y cerrando la barrera; otra es cocinar *en* la frontera o cocinar *la* frontera. Pero ¿cómo conocer una cocina fractal, de helechos, una cocina *en* la frontera? ¿Y cómo reconocerla sin recocerla, sin convertirla en un ejercicio de vanidad?

Lo cierto es que la gastronormatividad no puede medir un helecho, porque su vara está diseñada para medir robles. Sus juicios se traducen inevitablemente en una clasificación lineal y jerárquica que no genera sino complicación y ruido. El fractal objeta a toda clasificación, dado que no se adapta a la verticalidad de las jerarquías, allí donde trabajan los superlativos (el mejor, el más...), sino que activa, en el eje horizontal, el de la complejidad, interdependencias emergentes entre escalas múltiples. El fractal que es Mugaritz es un gesto que se repite infinitamente, y con un nivel de detalle fascinante, a distintas escalas, desde la microscópica hasta la macroscópica. Desde el movimiento más imperceptible a la más ambiciosa de las ideas. Desde el *penicillium roqueforti* que inoculan en el arroz hasta el incorruptible *power point* elaborado para la ponencia de un congreso multitudinario, pasando por la manera de doblar una bayeta sobre la encimera de la cocina. Menos es más. Más es menos. En Mugaritz el gesto se hace idea. Y viceversa. ¡Conviértete en patata!

El roble es geografía. El helecho, geometría.

Una cosa es pertenecer a una geografía dada, a un *terroir*, a una identidad.

Otra, muy distinta, hacer de la geografía una geometría sin fronteras.

La geografía es fija.

La geometría, transportable, itinerante.

Nómada.

La identidad, como el ser, es sólida. Pesada.

El gesto es líquido: no paga arancel.

Mugaritz no es un lugar, una geografía, ni siquiera un caserío. Es una geometría. Portátil y en permanente dispersión. Un fractal que, como un eco, aspira a propagarse sin fin (ni remedio), desafiando fronteras. Físicas, mentales, emocionales y disciplinarias. Como un incendio de helechos en el que el roble desempeña la función vicaria de servir de combustible.

La propagación de Mugaritz, de su gesto, es viral.

Con m de pandeMia

¿Cómo encaró Mugaritz la pandemia? Contagiándose. Siendo isomorfo al *shock*. ¿Cuáles fueron las medidas que se adoptaron en tiempos en los que proliferaban los protocolos? Los helechos aprovecharon para ascender por el tronco del roble y construir una caseta. A la contra de lo que hicieron los demás, no convirtieron la creatividad en pirueta logística, sino en juego. Hicieron del juego el protocolo a seguir, y del protocolo un juego.

Con m de menú

He aquí un (no) plato del (no) menú del (no) restaurante Mugaritz.

«Salazón de cenizas, helechos y orquídeas».

En Mugaritz cocinan los helechos. Helechos calcinados sobre la brasa, pero también sobre el incendio mental de la creatividad. Los ponen sobre el plato y les dan el nombre de ixtlilxochitl: «flor de rostro negro en la lengua azteca nahuatl». Este es el comentario «gastronómico» que suscitó el plato en un comensal:

> ¿Qué demonios era? Parece, pero no es vaina de vainilla, advirtió una camarera. Se trata de un brote de helecho, pero cualquiera diría que se trata de regaliz, y su sabor es dulzón. Sorprendentemente, contraviniendo el pensamiento de Adrià, quien sostenía que la decoración del plato debe integrarse en él como un ingrediente más […] el soporte de los «helechos» fue devuelto a la cocina. No se comía. Vaya. [49]

El helecho calcinado no está ahí para comérselo, sino para comersarlo:

> Claves: visual, técnica, naturaleza, reflexión. Este plato parece un grabado en tres dimensiones. Antes de probarlo ya me está importando bastante poco a qué va a saber; desprecio, si se me permite, ese sentido, tengo otros que también puedo utilizar. La vista ya está disfrutando, y sé que el tacto se prepara para aprovechar su turno. [50]

---

[49] Consultado en https://loquecomadonmanuel.com/2014/10/06/mugaritz-errenteria-el-intelecto-el-sexto-sentido/ el 20-12-2023.
[50] Consultado en https://www.tobegourmet.com/7-razones-para-comer-en-el-restaurante/ el 20-12-2023.

Pero en Mugaritz *también* cocinan los helechos, esos cientos de cocineras y cocineros en permanente rotación, muchos de ellos llegados como esporas desde los más recónditos lugares del mundo y que, una vez que abandonan la casa madre, tejen la diáspora Mugaritz, la nación de quienes doblan la bayeta siguiendo el procedimiento aprendido junto al roble. Hay quien se ha tatuado el esquema gráfico de cómo se dobla la bayeta en la piel. Piel-bayeta.

Con m de esperMa

Esporas, diásporas… A nadie extrañe que en Mugaritz cocinen hasta el esperma [51] y lo sirvan embutido en un condón aplastado sobre un plato de pizarra que simula la rugosidad de un parking de puticlub. ¡Lo juro, lo he probado! No es una provocación, que sí. Ni siquiera un trampantojo, que también. Es, ante todo, un manifiesto.

Con m de manifiesto

Robles y helechos sintetizan, respectivamente, el ADN de los modos mayor y menor de la gastronomía.

---

[51] La raíz *sper/spor* remite a «diseminar», «esparcir».

Gastronomía ROBLE	Gastronomía HELECHO
Modo mayor	Modo menor
Poder	Potencia
Influencia	(A)fluencia
Monumental	Fractal
Geografía	Geometría

Con m de micelio

Bajo el roble, incluso bajo los helechos, es donde habitan los modos menores del despliegue gastrológico de Mugaritz. Mugaritz es un micelio formado por micorrizas, ese hongo que conecta las raíces de los árboles (los robles) para hacerles llegar el mensaje de que activen sus defensas porque se avecina un (nuevo) incendio.

No en vano, Mugaritz trabaja las texturas a través de las formas menores (infinitesimales y transescalares) de la fermentación con hongos, para poder así acceder al nivel subterráneo (respecto de otros sentidos más elevados) de lo táctil. Transita así de los trucos en gravedad cero de aires, geles, espumas y esferificaciones de la cocina tecnoemocional, con la que erróneamente se le relaciona en las guías gastronormativas, a una cocina no del *terroir* (de eso hay mucho en el bosque que habita), sino literalmente del soterramiento. Mugaritz metaboliza el mundo mientras lo cocina.

Para mi cuñado, Mugaritz es «brotes y fermentos». Y lo dice con cara de pocos amigos.

Queda por despejar una incógnita. ¿Qué sería de Mugaritz en una urbe, donde no hay tierra, roble o helecho a los que asirse? Tendría que cambiar su relato. Obvio. Pero a buen seguro estaría más cerca del asfalto que de las catedrales.

Este libro se terminó de imprimir, por encargo de Col&Col Ediciones, el 10 de abril de 2024. Ese mismo día de 1510 acababa su obra *Elogio de la locura* Erasmo de Rotterdam: un canto a la estulticia y a la necedad humana porque «no hay comida buena si no va salpicada de cierta necedad» o «porque el impulso que ha llevado a hombres salvajes salidos de la roca y de los árboles a formar una sociedad no es otro que la adulación». Así que, en tanto que nos transformamos, nos vamos muriendo un poco.